XINXING JISHU DE SHEHUI YINRU
—CHONGTU JI ZHILI CELUE

新兴技术的社会引入
——冲突及治理策略

刘玉强◎著

经济管理出版社
ECONOMY & MANAGEMENT PUBLISHING HOUSE

图书在版编目（CIP）数据

新兴技术的社会引入：冲突及治理策略/刘玉强著．—北京：经济管理出版社，2020.11
ISBN 978 - 7 - 5096 - 7636 - 3

Ⅰ．①新…　Ⅱ．①刘…　Ⅲ．①技术引进—研究—中国　Ⅳ．①F124.3

中国版本图书馆 CIP 数据核字（2020）第 241666 号

组稿编辑：高　娅
责任编辑：高　娅　尹珍珍
责任印制：赵亚荣
责任校对：王淑卿

出版发行：经济管理出版社
　　　　　（北京市海淀区北蜂窝 8 号中雅大厦 A 座 11 层　100038）
网　　　址：www. E - mp. com. cn
电　　　话：（010）51915602
印　　　刷：北京玺诚印务有限公司
经　　　销：新华书店
开　　　本：720mm × 1000mm/16
印　　　张：11. 25
字　　　数：158 千字
版　　　次：2020 年 11 月第 1 版　　2020 年 11 月第 1 次印刷
书　　　号：ISBN 978 - 7 - 5096 - 7636 - 3
定　　　价：68. 00 元

前　言

　　以核技术、生物技术、纳米技术等为代表的现代新兴技术不仅能够给人类带来巨大的社会收益，也引入了潜在的不确定性危害，其社会引入具有明显的实验特征。面对新兴技术的不确定性，以及有关潜在危害的认知局限，社会对于此类技术的应用产生了不同程度的抵触情绪，技术系统与社会系统、专家系统与公众系统、技术支持者与反对者抑或是更广泛的利益相关者之间产生了广泛的冲突议题。现代新兴科技正在以超出人们预期的方式和速度涌进公共生产和生活之中，这种背景下如何理解新技术社会应用的实验特征与冲突议题，社会又是如何防范和化解此类冲突的，成为了本书的关注点。

　　为了回答上述问题，本书首先将新技术的社会引入概念化为一种技术社会实验。这一视角认为，实验室研究以及理论探索并不能完整地代表技术或技术产品在社会环境中的真实表现。特别是对于缺乏相关数据和知识的新兴科技领域，实验室研究的局限性越发明显，新技术的社会引入具有明显的实验特征。这样，新技术社会引入的冲突议题就可以概念化为多种实验假设之间的竞争，而真实的社会环境就是实验假设的验证场所。在这一场所中，技术引入的冲突得到了重新的建构，社会也提高了冲突治理的能力。

　　为了打开新技术社会实验的过程，本书在梳理技术社会实验理论、负责任的研究与创新理论和适应性管理理论的基础上，构建了技术社会实验的分析框架。

在该框架下，技术社会实验是一个递归学习的过程，通过分析实验过程中发生的"意外事件"，可以促进对先前技术知识的拷问，使理论知识甚至是行动计划得到重新调整。在学习生产技术相关知识的同时，将所习得的知识应用于技术社会实验本身。通过这一知识生产过程，社会对技术的认知和判断得以重新界定，即关于技术的实验假设（冲突）得到了重新的建构。

分析框架建构完成之后，本书选取了核技术、转基因技术和纳米技术作为分析案例，将其社会引入分别概念化为一种技术社会实验。这样技术社会引入过程之中发生的"意外事件"就可以看作是对技术实验假设的一种验证。本书分别将核技术引入过程中发生的系列事故、转基因技术引入过程中的争议性事件以及关于纳米技术社会管理的辩论作为具体的分析资源，阐明了技术社会实验中"意外事件"的学习机制和实验假设（冲突）的重构过程。最后，在理论研究和实证研究的基础上，总结了技术社会实验中冲突治理策略的演进路径，基于社会实验理念构建了新兴技术的监管框架。

本书的结论主要有以下四点：①技术社会实验理论可以成为新技术创新治理的补充路径，能够为不同参与主体提供对话交流的机遇和平台；②技术社会实验可以通过从事故中学习、设计实验和公开辩论三种方式，进行知识生产和不确定性消解；③技术社会化过程中所引发的冲突，可以成为技术与社会协调发展的一种建构性学习资源；④新技术的监管决策应当是去中心化的，可以利用社会网络来提高新技术绩效，来减少冲突和不确定性。

本书的创新点主要体现在：①在先前学者研究的基础上，进一步明晰了技术社会实验的四大基本特征，将其应用到新技术冲突问题的研究上，拓展了理论的实践范围，为新技术的社会治理提供了新的理论进路；②探究了技术社会实验下的知识生产问题，揭示了社会实验的递归学习机制，识别出了社会中技术知识生产和不确定性消解的三种方式，即从事故中学习、设计实验和公开辩论；③研究了社会实验对技术冲突治理和技术监管的启示，提出了技术社会实验监管的基本框架。

目　录

1 绪论

1.1 研究背景及意义

当今世界，主要国家和地区都已经将科技创新能力作为国家综合实力的重要指标，在各个科技领域广泛布局、投入巨资，期待科技进步能够创造经济和社会福利，增强国家国际竞争力。特别是在生物技术、纳米技术、信息技术、认知科学等领域，主要国家都制订了各自的科技发展战略计划。例如，美国 2000 年启动的国家纳米科技计划（NNI）；再如英国 2012 年启动的生物科学技术投资计划①，规划先期投资 2.5 亿英镑，帮助英国解决诸如全球粮食需求、寻求化石燃料替代品和保障老龄化社会的健康水平等重大问题，等等。可以预见这些新技术的社会应用将会产生巨大的社会效益，增进人类福祉，推动社会的健康与可持续发展。但是这些新技术的社会引入，同样存在着潜在的风险和高度的不确定性，

---

① 英国宣布实施 2.5 亿英镑生物科学投资计划 [J]. 生命科学仪器，2012，10（3）：57 – 58.

在欧洲以及我国关于"转基因作物安全性问题"的争议就是典型的例子。

在科学与社会的传统契约视角下，新技术及产品的出现被认为是确证知识的应用，在技术或人工制品进入社会之前，相关知识已经在实验室之中得到了确证。然而，20世纪70年代以来，人们越来越发现自己被迫处于某种科技的负面影响之中。三里岛和切尔诺贝利核泄漏事件、DDT引发的环境危机、石棉致癌以及新近的抗生素滥用引发的公众担忧，使人们意识到这些技术及产品的社会应用具有明显的"实验"特征。传统实验室研究并不能完整地代表技术或技术产品在社会环境中的真实表现，这一点在新技术的社会引入中尤为突出。

由于现代商业创新的压力、技术的复杂性和不确定性、知识的不完备性，实验室已经不能够完全验证技术知识的正确性。在许多情景下，只有当技术在社会环境中实施应用时，人们才能够真正了解技术，一些技术风险及社会问题也才会显现。例如，转基因作物的释放究竟能给自然环境带来什么样的影响，这一点只有在转基因作物应用以后才能知晓（Gross M. and Krohn W.，2004）。在这层意义上，新技术的社会应用等同于一场"社会实验"，人们被迫参与其中，暴露在技术"试错"风险之下。新技术"社会实验特征"的凸显给技术风险管理提出了新挑战，我们越来越需要对这种发生在实验室之外、社会之中的"实验"予以考察（Krohn W. and Weyer J.，1994）。

20世纪70年代以来，人们对科技负面效应持续关注，公民参与科学运动得到极大发展。随着技术实验性特征的显现，技术与社会、专家系统与公众系统之间的冲突越发激烈。一些学者的研究表明，新技术引入的争议冲突已经成为公共领域的典型话题（Bonneuil C.，Joly P. B. and Marris C.，2008），影响了新技术的社会化进程，造成了一系列的信任危机（贾鹤鹏、范敬群、闫隽，2015；何光喜、赵延东、张文霞，2015；金兼斌、楚亚杰，2015；贾鹤鹏、范敬群，2015；赵万里、王红昌，2012）。

在这样的背景下，对新技术社会引入的实验特征进行考察，研究技术社会实验中的技术系统与社会系统、专家系统与公众系统、技术支持者与反对者抑或是更广泛的利益相关者之间的冲突问题，探讨此类冲突的防范与化解策略，无疑具有重要的理论和实践意义。

在理论方面，丰富发展了社会实验的概念框架，拓展了传统社会实验的应用范围，将技术社会引入概念化社会实验，丰富了关于科技治理、技术社会冲突解决的理论研究。同时运用社会实验框架，对新技术的社会引入进行考察，在社会实验中学习和了解新技术，有助于消解新技术社会应用的"科林格里奇困境"①。

在实践方面，为处理技术不确定、防范和化解技术冲突提供了一条新的进路。社会在新技术上已经投入巨大，因为期望它们能带来巨大的社会收益。与此同时，存在着巨大的潜在危害，高度的不确定性。目前的管制和治理，通常是基于风险概念的，还不足以处理这些挑战：技术反对者要求更加安全的技术，支持者仅考虑经科学证实的风险。本研究有潜力克服这一僵局，发展新的冲突管理框架，技术的社会引进不是一蹴而就的，而是一场持续的社会实验。

同时，为不确定性技术监管和创新治理提供新的启示。社会需要认识到，对新兴不确定性技术的监管周期应当延长。这有助于在新的冲突事件发生前做好充足的准备并解决它，增进新技术社会引入实施的合法性基础，促进负责任的创新。

1.2 国内外相关研究现状

有关冲突议题的研究不同学科的关注点有所不同，下面首先综述现代冲突与

---

① 科林格里奇困境是由英国社会学家科林格里奇（David Collingridge）在其名著《技术的社会控制》一书中首次阐述："一种技术的社会后果不能在技术生命的早期被预料到。然而，当不希望的后果被发现时，技术却常常成为整个经济和社会结构的一部分，以至于对它的控制十分困难。这就是控制的困境。"

冲突管理的研究、新技术社会应用相关议题的研究，再重点阐述新技术社会引入过程中的冲突议题研究。

1.2.1　冲突与冲突管理研究

冲突是一种广泛存在的社会现象，存在于人类社会活动的各个主体、各种层面之中。其一般定义为：个人或群体内部，个人与个人之间，个人与群体之间，群体与群体之间观念、信仰、行为、角色、需求、价值等的不相容（杜宇，2007）。冲突的内涵十分丰富，在社会学、心理学、政治学等不同的学科领域有不同的阐述。在类型上既包括道德、宗教、文化等方面的价值观念冲突，也包括涉及多行动主体的经济利益冲突、战争冲突等。

（1）多学科视野下的冲突研究。不同学科视域下，冲突的研究主题不尽相同。有关冲突的研究，以组织管理领域居多。一般认为现代组织对冲突的广泛研究起始于20世纪60年代，有关个人、群体、组织等的冲突议题吸引了心理学、组织行为学、管理学以及社会学等领域的专家学者。冲突逐渐成为组织行为与管理的一项重要研究内容，其成果散见于一些组织理论的书籍当中。如 Ross A. Mebber 于20世纪70年代完成的《组织理论管理》、Gary Johns 的《组织行为学》、Dersler Gary 的《组织管理》以及 John M. Ivancevich 和 Mechael T. Martteson 的《组织行为与管理》等著作，都对冲突的性质和形成原因、影响解决冲突问题的因素和解决冲突问题的途径等进行了较系统的研究（杜宇，2007）。

与国外学者的研究相比，我国组织学、管理学等领域对组织冲突的研究起步较晚。20世纪80年代后期，中国港台地区学者才初始涉入组织冲突有关的研究；90年代以后，我国大陆学者开始进入这一领域，展开了一些本土性的研究。通常认为邱益中的《企业组织冲突管理》是大陆第一本系统研究组织冲突的专著。他将组织冲突界定为因企业组织内部或外部难以协调而导致的矛盾激化和行为对抗（袁媛，2006）。

组织行为领域对冲突的研究主要集中在三个层次：个体、群体和组织。根据冲突范围可将冲突分为人际冲突、群体层次冲突和组织冲突。冲突在三个层次上均有表现，同时每一层次又有内部冲突和彼此之间的冲突（斯蒂芬·P. 罗宾斯、蒂莫西·A. 贾奇，2014）。国内对冲突的研究以组织层面的冲突研究为多，其中对冲突的概念内涵、类型、解决方式，针对冲突管理策略、组织冲突与团队绩效等方面有一系列的研究。例如，杜宇（2007）对冲突概念内涵的研究，其在阅读了大量文献资料的基础上，按照不同意见、负面情感、恶意妨碍三个方面对冲突的定义进行分类，共总结出关于冲突的七种定义。许刚全（2005）对集体决策过程组织中的冲突管理问题的研究，认为群体的冲突接受度是决策群体最优冲突水平的决定性因素，而冲突接受度与团队文化和组织的凝聚力等有关，以及梅强（2012）等对高层管理团队异质性、团队冲突和创业绩效的关系研究等。

国内冲突研究的另一重要领域是社会学，其主要关注公共冲突管理体制、社会冲突管理中的冲突控制与化解问题以及转型期社会冲突的治理等①。如常健（2014）等对我国公共冲突管理体制的研究；张乐（2014）等针对邻避冲突问题的研究；张春颜（2014）对公共冲突管理中的控制与化解研究等。

此外，自然资源管理领域也是国内外冲突研究关注的重点。例如赖庆奎（2001）等对云南屏边大围山自然保护区冲突管理的实例研究；吴伟光（2005）等对自然保护区与周边社区居民之间主要冲突的研究；Olga Stepanova（2015）对欧洲四国海岸资源管理中冲突解决问题的研究等。

（2）冲突管理研究。冲突管理是一个具有广泛内容的跨学科研究领域。传统研究进路认为冲突是有害的，需要规避。然而在现代行为学派的视野下，冲突被界定为自然发生的事件，认为其具有不可避免性，应当正确地接受和认识冲突。基于此，现代行为学派认为应当最大限度地发挥冲突的正面效应，提出了冲

---

① 刘玉强，邹乐乐，王光辉. 新常态下资源型老工业城市的转型研究——基于生态位区域特征的视角 [J]. 环境经济研究，2016，1（1）：76－90.

突调节理论①。

"二战"后，美国行为学家安德鲁·J. 杜布林成为冲突理论研究方面的主要代表人物，其冲突理论的主要思想有（刘志迎，2005）：

在冲突类型上，提出了冲突的两维模型。杜布林将冲突分为两个维度：一个维度是冲突，是有害和有益，另一个维度是个体和实质。其中个体冲突主要根源于个人情感和态度，实质冲突主要涉及技术和行政上的因素。杜布林根据这两个维度将冲突划分为四种类型：有益－个体型、有益－实质型、有害－个体型以及有害－实质型。

在冲突的分析上，杜布林还提出了冲突的系统分析模式：输入（冲突的根源）→干涉变量（处理冲突的手段）→输出（冲突的结果）。然而输出（冲突的结果）又会反馈到输入（冲突的根源）过程之中，进而对下一次的冲突产生影响。

在冲突处理上，杜布林将人们处理冲突的行为意向分为五种②：①规避，自我不肯定且不相互合作；②迁就，自我不肯定但相互合作；③妥协，自我肯定与相互合作程度都处于中等水平；④合作，自我肯定并相互合作；⑤竞争，自我肯定但互补合作。

20世纪60年代以后，组织行为学领域的冲突研究取得了一定进展，组织行为学家庞地（Louis R. Pondy）提出，对待组织冲突不应采取压制策略，在对冲突成因分析的基础上提出了三种冲突分析模型（刘志迎，2005）：

①议价模式，是指竞争主体在资源争夺过程之中发生的，"讨价还价类型"的冲突。如果不能妥善处置，很有可能会导致不同利益团体的形成，朝破坏性冲突的方向发展，进而对组织发展产生负面影响。

②官僚模式，是指在正式组织中，因上下级或职权关系而产生的纵向冲突。

---

① 刘志迎. 管理科学理论在思想教育中的应用［M］. 合肥：合肥工业大学出版社，2005：212.
② 刘志迎. 管理科学理论在思想教育中的应用［M］. 合肥：合肥工业大学出版社，2005：214.

这种冲突对于组织的团结、士气，乃至正常运转都会产生直接影响和间接影响，是组织关系中需要得到高度关注的冲突模式。

③关系模式，是指正式组织内部不同职能主体之间发生的冲突，其根源在于组织内部在分工、协作组织任务中的意见分歧、不一致或对抗，进而影响到组织目标或任务的达成，此类冲突需要在组织框架内得到解决。

20 世纪 70 年代，Watter Isard 第一次较为全面地整合了现代冲突管理的理论和方法。此后，冲突管理理论和方法得到逐步拓展，从单一的事后处理模式发展到事前预防、事中监控以及事后处理等多层面、全过程的系统模式。研究视野也从剖析已发生的冲突事件，拓展到关注潜在的、正在发生的以及已发生的冲突事件等的全过程。

冲突管理也有狭义和广义之分。狭义的冲突管理将冲突的行为意向、实际行为以及反应行为作为研究对象，对冲突行为的机制和处置策略进行研究，为有效的冲突管理提供实际指导；在广义上，冲突管理将主体对于冲突问题的发现、认识、分析、处理、解决的全过程和所有相关工作都囊括其中（马新建，2002）。

在冲突管理理念上，传统的冲突管理致力于消除、解决或处置冲突，其隐含的前提假设是"冲突是有害的"，冲突管理发生在冲突事件之后。然而现代冲突管理理念认为，冲突具有两面性，冲突既有建设性的正面属性，又具有破坏性的反面属性。冲突管理的主要任务从预防和解决冲突转向管理冲突——避免和限制破坏性冲突和激发建设性冲突，充分利用冲突的积极效应并控制其消极效应。具体而言，冲突管理的基本内容为：避免不必要的冲突；减少破坏性冲突；界定和分析冲突的实质内容，寻求治理策略；通过协商沟通，达成共识；运用恰当的方式控制或转变冲突演进的方向（马新建，2002）。

1.2.2 新技术的社会应用相关议题研究

新技术的社会引入过程同时也是技术或技术产品市场化的过程，新技术的社会建构过程以及技术社会风险的真实发生过程。本研究选取核能、转基因以及纳米三个技术领域作为新技术社会引入冲突及治理策略研究的分析对象，发现现有关于三个技术领域社会引入的研究主要集中在经济社会效益分析、社会认知调查、ELSI 与科技治理研究等三方面。

（1）经济社会效益分析。根据不同的技术特性，定量地考察新技术应用可能带来或已经带来的经济和社会效益，是国内外众多学者关注的研究主题之一。在核能领域，关于其经济效益的分析，主要集中在核电社会效益、环境保护效益以及经济指标三方面（刘江华、丁晓明，2008）。另外，不断改进核电经济性评价指标，正确评价核电的经济社会效益也是一个重要的研究方向，例如，曹帅在对我国核电经济性评价分析的研究中构建了核电经济性评价的原则和分析框架，指出可以从宏观和微观两个层次来评价核电经济性问题（曹帅、邹树梁、刘文君等，2014）。其中宏观方面包括社会效益和环境效益，社会效益主要是指核电高技术产业，在促进相关产业创新能力提升、保障国家电力能源供应、优化能源结构和促进经济发展等方面的社会收益；环境效益主要包括，核电对自然生态环境、气候等的影响。在微观方面，核电的经济性主要体现在发电成本和入网电价上。对于宏观层面的评价采用外部性分析方法，对于微观层面的评价采用内部成本分析方法。

在转基因技术领域，国际农业生物技术应用服务组织（ISAAA）每年都会发布《全球生物技术/转基因作物商业化发展态势》的研究报告（James C.，2015），对当年全球转基因作物的种植面积、分布做详细介绍，统计和分析相关种植国家获得的经济收益、社会获益、生态效益。一些研究机构和学者主要关注转基因技术的社会引入对化学农药的替代作用以及对农业的耕种成本等的影响，如绿色和平组织就依据其调查结果指出，转基因作物的种植并不一定会给种植者带来可观的收益，农民并不是转基因作物的第一获益者①。然而国内的相关研究更多是关注国产转基因抗虫棉的直接经济影响问题，例如，范存会（2005）、黄季焜和胡瑞法（2010）等对国产 Bt 抗虫棉经济影响的分析就是典型代表。

在纳米技术领域，人们期望纳米技术能解决我们经济社会环境发展中的各种问题。对纳米技术社会引入的经济社会效益分析主要集中在两个方面：一是在经济政治方面，新型纳米材料及相关新兴产业所凸显的经济价值分析，纳米医疗和诊断技术发展将使人类寿命的延长成为可能，能够增强人们追求就业和积极参与政治过程的能力；二是在医疗、环境、空间探索和国家安全方面，纳米技术预设的各种应用领域表明，其对国家乃至社会的战略意义，即它有利于改善医疗保健、环境质量、空间探索和国家安全等（李三虎，2011）。

（2）社会认知调查。公众对新技术的认知水平直接影响到新技术的社会引入过程，影响新技术的社会可接受度，因此有关新技术的社会认知调查一直是学界关注的重点。在核能领域，但凡发生重大事件，往往都伴随有公众认知调查，以了解技术发展所面临的社会氛围，研究公众认知、态度等的影响因素，意在为相关决策或分析提供经验支持。截至 2015 年 6 月，通过中国知网，以"核电""认知"或"接受性""接受度"进行简单检索，仅国内学者关于核能认知的调查研究论文就有近 60 篇，研究主要集中在两个方面：第一是单纯的核电认知度调查与分析（潘亚萍、姚亮、郑健，2013；曹兴江、秦永春、余宁乐，2010；杨广泽、余宁乐、韩重森等，2006；张涛、吕淑然等，2014；张玮婷、刘义保、王爱星，2015）；第二是核能公众接受度研究，关注公众对核能的接受水平及影响因素（曾志伟、蒋辉、张继艳，2014；李朝君、张春明、左嘉旭等，2014；管红霞，2014；陈钊、孔吉宏、耿明奎，2009）。其中较为典型的研究有田愉等对核事故与公众态度的研究，在分析欧美等国近年来开展的公众核电态度调查结果的

---

① 绿色和平. 转基因作物的经济代价 ［R/OL］. http：//www. greenpeace. org/china/Global/china/_planet－2/report/2010/3/ge－cost－rpt. pdf.

基础上，识别出了公众态度与核安全事故之间的关系特征：第一，核安全事故会对公众核态度产生重要影响；第二，公众核态度会随着时间的推移而发生改变；第三，积极的风险沟通策略能够对公众核态度产生重要影响（田愉，2012）。

对于转基因技术、纳米技术的社会认知调查也已经十分丰富，其中转基因技术的社会认知调查起步较早。欧美等生物技术发展较为领先的国家都对其社会认知研究投入了大量的资源。例如，欧洲议会支持开展的六次晴雨表社会调查，对在欧盟成员国范围内开展大规模的问卷调查，对欧洲公众生物技术和转基因产品的了解程度、态度取向及其变化趋势做出了系统的测度（缪航，2011）。国内在这两个领域的研究也相当丰富。典型的研究如我国学者吕澜（2006）采用晴雨表调查的标准问卷，对生物技术应用过程中的中国公众态度进行了测度和比较。在系统揭示出态度差异的同时，她还试图从两个地区的科学氛围、媒体宣传导向和社会价值观方面寻求对差异的解释。

在转基因技术产品、纳米技术产品的社会可接受度方面，国外学者 Siegrist（2008）从 1999 年至 2007 年先后发表了 6 篇关于转基因以及纳米技术产品的风险认知、消费者可接受度的研究论文，指出与传统食品技术相比，对于新兴食品技术消费者能够联系到更多的风险，指出消费者对风险和收益的感知会影响他们购买转基因食品的意愿。在转基因食品领域，可感知的收益与可感知的风险成负相关关系（Siegrist M.，2000）。此外，对机构和科学家的信任也是新兴技术认知的重要因素，信任直接影响公众对风险和利益的感知，间接地影响消费者对转基因食品的接受和购买意愿（Siegrist M.，1999），发现纳米食品也有类似的关系。

（3）ELSI 与科技治理研究。新技术的伦理、法律和社会问题（ELSI）研究，一直是学界关注的重点。美国国家纳米技术计划（NNI）就设有纳米技术伦理和社会问题研究的专项基金，同时《21 世纪纳米技术研发法案》也授权成立了美国纳米技术准备中心，聚焦于纳米技术的研发活动及其社会影响方面的研究工作。当前以 ELSI 为主题的研究，主要关注的技术领域为生物技术（转基因技术、干细胞、合成生物学)、纳米技术以及其他新兴科技领域包括大数据、人工智能等,同时主要关注这些新技术社会引入可能出现的伦理冲突及其化解、风险管理问题、法律法规建设问题,以及其他社会议题。

此外,新技术社会引入研究中还包含有技术社会评估研究、技术监管与管理等研究,例如核电站的安全监管问题、转基因食品的"标识"管理问题、纳米技术管理及法律框架制定问题等都在其中。相关研究亦是十分丰富,此处不再赘述。

1.2.3 新技术社会引入过程中的冲突研究

当前学界对技术社会引入过程冲突问题的探讨,主要集中在以下三个方面:①管制冲突,包括国际间法律法规冲突、管理规范冲突等;②技术的社会冲突,是指技术对社会生活、环境、健康和安全的影响,以及因新技术引入而产生的不同主体对技术的社会认知冲突、主体间各式各样的利益冲突等;③技术的伦理冲突,主要包括新技术的安全性,公众的知情权、选择权、隐私权,技术收益与风险的公正分配、人体增强等议题。下面分别就三个方面阐述本研究主题的发展现状与趋势。

(1)管制冲突。新技术引入社会,由于不同国家的经济社会水平、法律法规与管理体制、历史发展经验等不尽相同,所以对相同技术的监督管理方式也不尽相同,由此就引发了一系列不同国家和地区、不同监管主体间的法律法规、知识产权等的管理冲突。例如,瑞士学者托马斯·伯纳尔在《基因、贸易和管制:食品生物技术冲突的根源》一书中,对欧盟、美国和其他国家转基因技术的社会反应和所采取的管制政策的研究,就是其中典型的代表(孙毅霖,2011)。

(2)技术的社会冲突。新技术所引入的社会冲突主要是指技术对社会生活、环境、健康和安全的影响,以及因新技术引入而产生的不同主体对技术的社会认知冲突、主体间各式各样的利益冲突等。例如,核电站选址对当地社会、环境、健康和安全的影响，不同主体对转基因食品的不同接受水平、认知差异，转基因作物种植者与消费者之间的价值、利益冲突，科学家群体与普通社会公众有关纳米技术风险的不同感知水平等都属于技术社会冲突探讨的范畴。典型的研究有Vergragt 和 Brown（2008）对转基因作物在环境、健康等方面的争议研究，并提出通过建立"持续报告"制度，减缓新转基因作物潜在的负面影响；吴亮（2010）对农民留种行为与品种权的冲突研究也属于技术社会冲突的典型；以及王丽（2013）对日本福岛事件后，政府、核电行业、公众之间和安全文化冲突问题的研究。

（3）技术的伦理冲突。核能、转基因以及纳米等对社会有重大影响的技术，其社会引入不可避免地伴有伦理冲突。例如，转基因技术已经引起的一系列的伦理争议包括食品安全、动物福利、环境和生态危害、国际公平正义、扮演上帝角色、干预自然等（Harris J., 1994；Sherlock R. and Morrey J. D., 2002；Carrlère J. and Barrettle J., 2007）。国内的研究也相当丰富，朱贵平（2003）等对共享与独占现实冲突的伦理分析；沈铭贤（2008）对基因 - 检测、基因 - 治疗、基因 - 生殖、基因 - 克隆、基因 - 生态五个层面的伦理挑战的探讨；王国豫（2011）等对纳米伦理问题与挑战的研究等。

1.2.4　已有研究评述

目前，学术界关于冲突与冲突管理、新技术的社会应用以及新技术社会引入所引发的伦理法律和社会问题的研究已经十分丰富，出现了一些有重要影响的研究成果。特别是在新技术应用引发的争议研究方面，发现了公众与专家在知识体系、话语体系等方面的差异，促进了科学与公众的相互理解与对话，一些冲突解决方案已经得到发展，如建构性技术评估、实时技术评估、情景规划，以及其他公众参与科技决策方法程序等（Slocum N. and Steyaert S., 2003）。

从已有的研究可以得出，新技术引入的争议冲突问题是学术界持续关注的热点。但是在对"冲突"或"争议"的定性上，通常将其界定为负面的、不利的，是对新技术创新发展的阻碍。在冲突的解决措施上，也大多是基于传统风险治理理念（Hansson S.，2009），聚焦于对技术后果的预期，认为在技术引入社会前风险和不确定性是可以尽可能减少的。这就与现代冲突管理理论以及技术的社会实验特征理念产生了背离。现代冲突管理理论已经认识到了冲突的两面性，指出冲突既有破坏性的反面属性，又具有建设性的正面属性。然而学界在关于新技术引入的冲突争议探讨中，还没有关注到这种技术冲突的正面属性。风险治理理念下，对技术冲突的解决依赖于丰富的相关数据和模型，而这些在新技术应用之初是十分缺乏的。

国外学者提出的技术社会实验相关理论，为技术引入冲突的解决提供了一种新的进路。这一理论首先承认技术不确定性和冲突在某种程度上是不可减少的，就可减少的部分而言也是一个持续的过程。基于这一理念，将冲突作为一种建构性学习资源在技术引入的社会实验中进行考察是一种新的探索。综上所述，现有的关于新技术冲突治理的研究，对于新技术的社会实验特征以及冲突正面属性的认识还存在不足，风险框架下的冲突治理也存在固有的缺陷，更加没有将技术社会实验特征与冲突治理联系在一起的理论与实证研究。本研究试图构建一种基于技术社会实验理论的新技术冲突分析框架，克服风险框架下冲突治理的缺陷，对于新技术的监管和创新治理将是有益的尝试。

1.3 研究问题与主要内容

1.3.1 研究问题

回顾已有的研究发现，现有的关于新技术冲突治理的研究，对于新技术的社会实验特征以及冲突正面属性的认识还存在不足，风险框架下的冲突治理也存在固有的缺陷；更加没有将技术社会实验特征与冲突治理联系在一起的理论与实证研究。为此，提出本书的研究问题：

如何理解这种新技术社会应用的实验特征与冲突议题，社会又是如何防范和化解此类冲突的？

具体问题为：

（1）与自然实验室相比，技术社会实验的内涵、特征是什么，其在社会中是如何运行的？

（2）在技术社会实验理念下，如何看待和处理新技术引入的冲突议题，其是如何在社会中消解和重构的？

（3）如何组织和实施技术社会实验，其监管有哪些遵循，对新兴技术的创新治理有何启示？

1.3.2　主要内容

为了回答上述问题，本书首先将新技术的社会引入概念化为一种技术社会实验。这一视角认为，实验室研究以及理论探索并不能完整地代表技术或技术产品在社会环境中的真实表现。特别是对于缺乏相关数据和知识的新兴科技领域，实验室研究的局限性越发明显，新技术的社会引入具有明显的实验特征。这样，新技术社会引入的冲突议题就可以概念化为多种实验假设之间的竞争，而真实的社会环境就是实验假设的验证场所。在这一场所中，技术引入的冲突得到了重新的建构，社会也提高了冲突治理的能力。

为了打开新技术社会实验的过程，本书在梳理技术社会实验理论、负责任创新理论和适应性管理理论的基础上，构建了技术社会实验的分析框架。该框架下，技术社会实验是一个递归学习的过程，通过分析实验过程中发生的"意外事件"，可以促进对先前技术知识的拷问，使理论知识甚至是行动计划得到重新调整。在学习生产技术相关知识的同时，将所习得的知识应用于技术社会实验本身。通过这一知识生产过程，社会对技术的认知和判断得以重新界定，即关于技术的实验假设（冲突）得到了重新的建构。

分析框架建构完成之后，本书选取了核技术、转基因技术和纳米技术作为分析案例，将其社会引入分别概念化为一种技术社会实验。这样技术社会引入过程之中发生的"意外事件"就可以看作是对技术实验假设的一种验证。本书分别将核技术引入过程中发生的系列事故、转基因技术引入过程中争议性事件以及关于纳米技术社会管理的辩论作为具体的分析资源，阐明了技术社会实验中"意外事件"的学习机制，实验假设（冲突）的重构过程。

在理论研究和实证研究的基础上，本书试图总结提出新技术社会实验中的冲突治理策略。进一步，探讨新技术社会实验特征对技术监管的挑战，提出技术社会实验理念下的监管框架设计，为新兴科技治理提供思路借鉴。

最后，本书将从技术社会实验的理论研究、知识生产、冲突治理和技术监管四个方面来总结研究结论，提出政策启示。这对于新技术的监管和创新治理将是有益的尝试。

本研究中的新技术是指那些具有潜在巨大社会收益，具有不确定性，一旦发生危害事件影响重大的技术。从这个意义上讲，核能技术、转基因技术、纳米技术等都在观察对象之列。然而研究选取核能、转基因以及纳米三个技术领域，作为新技术社会引入冲突及治理策略研究的分析对象，主要是出于以下考量：

首先，三项技术领域有共同的特点就是都具有潜在的巨大社会收益，具有高度的不确定性，一旦发生危害事件影响重大，任何一个社会公众都可能卷入其中。

其次，在冲突的防范与化解研究上，三个技术领域的冲突各有特征，且具有内在逻辑性。①核能技术指在和平利用核能背景下进行的社会引入，公众对核能具有充分的向往，其冲突缘起于苏联切尔诺贝利事件后，人们对核能安全性产生质疑，引起了冲突事件，具有典型的"事件驱动"特征，冲突的剧烈程度也随着核电安全事故起伏。②转基因技术的社会引入，则是发生在经历 20 世纪六七十年代的环境运动，人们的风险意识逐渐增强之后。基因技术自产生之初，科学家群体内部出于负责任的态度首先暂停了重组 DNA 分子的研究。之后，随着转基因实验研究的不断推进，商业创新的压力，转基因技术迅速发展，其引入之初就产生了一系列的伦理和社会冲突。然而科学共同体一开始没有对公众的质疑产生足够的重视。关于转基因的冲突议题一直持续至今，并有固化倾向。③纳米技术的社会引入之初，科学家吸取转基因技术发展的教训，十分重视公众态度，开展了一系列的公众参与活动，主动防范纳米技术可能引发的冲突议题。三个技术领域冲突发生的始点各不相同，是很好的研究素材，而纳米技术则有希望成为第一项在各种冲突事件未完全爆发之前就进行充分研究并妥善应对的技术案例。

最后，三个案例分别代表了不同的科技领域。多案例的选择超越了传统 STS 描述性、单个案例微观聚焦的研究，能够使研究结论更加具有适用性与拓展性。

1.4 本书的研究方法

（1）文献研究。文献研究是指根据研究主题，通过深入和广泛地收集主题相关论文、档案、研究报告等来获取有价值的资料，进而熟悉和理解掌握所要研究问题的一种方法。文献研究法被广泛用于各种学科研究中。其作用有：①能了解有关问题的历史和现状，帮助确定研究课题；②能形成关于研究对象的一般印象，有助于观察和访问；③能得到现实资料的比较资料；④有助于了解事物的全貌。

具体到本研究，主要为搜集检索新技术社会冲突研究相关文献，分析现有研究的成果与不足，运用文献研究方法，深入调研社会实验理论、适应性管理理论以及负责任的创新理论的理论脉络，总结提出本书的研究框架。

（2）案例研究。案例研究是一种运用历史数据、档案材料、访谈、观察等方法收集数据，并运用可靠技术对一个事件进行分析从而得出带有普遍性结论的研究方法。本研究采取多案例研究法，聚焦于选取核能、转基因、纳米技术典型案例，能够使研究更全面、更有说服力，能提高案例研究的有效性。

（3）历史比较分析法。本研究用历史比较分析的方法，对三个技术领域案例，冲突的起源、发展、演进进行交叉比较分析，得出有说服力的结论。

此外，研究还结合了半结构化访谈，调研和印证研究假设，计划访谈的对象为科技政策专家、政府官员、技术专家、普通公众等相关主体，研究主体对新技术风险收益、管理进路等的认知，通过访谈法了解调查对象的观念和想法。

1.5 本书的创新点

本研究的理论进路和案例分析在以下几个方面具有创新性：

第一，本书在先前学者研究的基础上，进一步明晰了技术社会实验的四大基本特征，拓展了理论的实践范围，为新技术的社会治理提供了新的理论进路。传统基于"风险"路径的研究，面对关于新技术的知识不足和数据缺乏，其局限性越发明显。新路径首先承认新技术的不确定性在社会引入之前不可能完全消解，将之概念化为社会实验，就为不确定性下的技术引入提供了更具合法性的解释框架。

第二，研究聚焦于新技术引入的冲突议题。尽管技术社会实验理论已经得到了一些实践应用，但是还没有将这一进路用于技术社会冲突化解的研究。本研究将弥补这一空白，构建社会实验框架下的冲突转化模型，识别出技术社会实验冲突治理策略的演进路径。

第三，研究揭示了社会实验的递归学习机制，识别出了社会中技术知识生产和不确定性消解的三种方式：从事故中学习、设计实验和公开辩论。

第四，本研究提出了技术社会实验监管的基本框架，研究了社会实验对技术冲突治理和技术监管的启示。尽管学界对在科学不确定性下的技术治理研究已经较为广泛，但是并没有整合社会实验这一概念。

1.6　研究框架与技术路线

基于前述的选题背景和研究现状，本书将从理论构建和实证研究两个方面开展论述，并遵循如下研究思路：从文献研究着手，在借鉴相关研究成果的基础上构建技术社会实验理论分析框架，并按照这一分析进路，将核技术、转基因技术和纳米技术的社会引入分别概念化社会实验，分析社会实验中知识生产和不确定性消解的机制，探讨社会实验中的技术冲突治理。进一步，提炼社会实验冲突治理的策略演进。在此基础上，构建基于社会实验的新兴技术监管框架，为技术监管和创新治理提供新的启示。最后，总结理论与实证研究并提出政策启示。

按照这一研究进路和研究目标，本书所确立的技术路线如图 1 - 1 所示，具体的章节结构如下：

第 1 章为绪论，作为本书的引导性章节，主要阐述本书的选题背景和研究意义，梳理对于新技术社会引入冲突问题的国内外研究现状，在此基础上确立本书的研究切入点、研究方法和结构安排。

第 2 章的理论综述是本书研究的基础，主要引介社会实验理论，分析研究社会实验的概念内涵及其演进脉络；引入适应性管理理论，借鉴适应性管理在处理不确定性议题上的方法程序；吸收负责任的创新理论，并将其内化到技术社会实验框架之中。

第3章进一步阐述本书中社会实验理论的基本概念、假设、特征，构建技术社会实验的冲突转化模型，描述社会实验的递归学习机制，进而构建和解释社会实验的分析框架。

第4章以核技术的社会引入的冲突为研究主题，首先分析了核技术引入的社会情景，提出了核技术引入的社会风险，并将其概念化为社会实验。随后选取英国气冷反应堆技术、美国轻水反应堆技术和苏联石墨沸水反应堆技术的社会引入为三个具体分析案例，分析了核技术社会实验"意外事件"的学习机制，实验假设（冲突）的重构过程。

第5章以转基因技术的社会引入的冲突为研究主题，首先分析了转基因技术引入的社会情境，提出了转基因技术引入的社会风险，并将其引入概念化为社会实验。随后选取转基因 Bt 玉米技术、杂草控制技术以及终结者技术为分析案例，分析了转基因技术社会实验中"意外事件"的学习机制，实验假设（冲突）的重构过程。

第6章以纳米技术的社会引入为研究主题，首先分析了纳米技术引入的社会情境，提出了纳米技术引入的社会风险，并将其引入概念化为社会实验。随后，以欧盟 Nanocap 计划为研究案例，在实验中观察各利益相关者共识的达成，不同的竞争性实验假设在其中的消解和重构，进而提出负责任的技术社会实验理念。

第7章首先对案例研究进行回顾总结，在此基础上，按照监管主体对待冲突的态度，提炼技术社会实验的冲突治理策略。进一步探讨新技术社会实验特征对技术监管的挑战，提出技术社会实验理念下的监管框架设计，为新兴科技治理提供思路借鉴。

第8章为研究结论与政策启示，立足于理论分析与案例讨论的结果，综合前述各章的研究内容，撰写研究结论与政策启示。最后，指出本书研究的不足和进一步研究的方向。

技术路线图如图 1-1 所示。

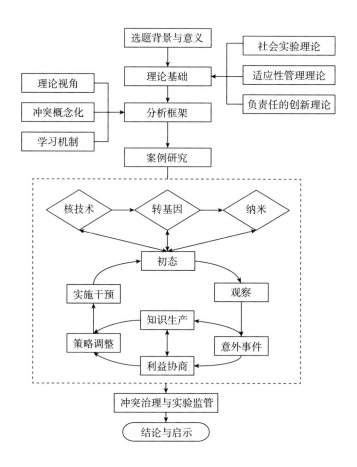

图 1-1　技术路线

资料来源：笔者绘制。

2 理论基础

本研究建构于技术社会实验理论、适应性共管理论和负责任的创新理论之上，拓展了技术社会实验理论的应用实践，借鉴适应性共管理念中的学习策略和负责任创新理论中的负责任概念，构建了负责任的技术社会实验实践学习路径。下面将详述三个基本理论的缘起与发展，呈现本研究的理论构建过程。

2.1 社会实验理论

2.1.1 理论的由来与内涵

（1）实验室研究的局限。实验是经验科学解决知识理论问题的有力手段，作为现代科学的建构元素，它突出的特色是人为设定的实验系统，通过外部控制某种参数或措施来获得可观测到的影响（Gross M. and Krohn W.，2005）。然而实验室作为现代科学的一种常规建制，是知识生产和理论验证的基础单元，能够将实验的不良后果限制在特定的环境之中，并且具有很强的可恢复性，一旦出现错误可以快速重新开始，不会对真实的生活环境产生影响。

技术或技术产品在市场化应用之前，都需要经过严格的实验室测试。这样的测试，一方面能够保证技术非预期性后果的可控性，将技术危害限制在实验室范围之内，使危害降低到最小甚至忽略不计；另一方面也有着根本上的局限性，不能对技术更广泛的潜在危害进行测量，因此得出的知识可能在真实的社会环境中失效。在技术或技术产品进入市场之前，需要对其在受控环境下进行一系列的功能性测试，通常使用模拟仿真、实验验证、小规模测试或临床实验（针对药品）等。尽管这种模拟、实验、测试和试验在科学工程、技术产品领域十分重要，由于一系列原因，在新技术进入社会前不可能对其可能的危害进行完全的预测。

在一些情形下，社会不得不承担新技术引入的风险，新技术的社会引入也就具有了明显的实验特征。以大型的技术系统为例，波音 777 客机的设计缺陷、高速铁路的安全稳定性、SpaceX 运载火箭的落地回收等，都只有在真实环境中经过长期的运行测试才能得到验证。在这种大型技术系统的验证中，知识的生产和应用之间已经没有了清晰的界限，社会成为了验证技术系统有效性的实验室。

（2）社会实验理念的由来与内涵。"社会实验"（Social Experimentation）一词最早出现于 19 世纪，被用于描述在非实验人员操控下发生的事件（Brown R.，1977）。其思想最早可以追溯到哲学家卡尔波普尔（Karl Popper）的"渐进社会工程"、政治经济学家查尔斯·林德布洛姆（Charles Lindblom）的"渐进决策理论"等（丁煌，1999）。两种理论都反对剧烈的社会变革，强调渐进性社会学习的重要性，注重从试错中积累经验知识。例如，波普尔（1999）在《开放社会及其敌人》一书中提出渐进社会工程概念，认为"小规模"社会实验能够在不使整个社会发生革命性剧变的情况下，增进我们的社会知识经验。

"实验"真正进入社会科学领域，始于 19 世纪后期的芝加哥社会学派。但是直到 20 世纪 60 年代，大规模的社会实验才得以推广。尽管社会学家在社会中进行研究的情形与自然科学家在实验中进行研究的情形具有显著的差别，社会实验遵循的依然是自然科学实验模式，有严格的实验设计、执行、评估等程序。社会心理学家唐纳德·坎贝尔（2015）将社会科学与政策制定联系在一起，设计了一项收入实验（IME），并引入了"准实验"（Quasi – experiments）和"社会实验"（Social Experimentation）概念，来表示实验人员不能完全控制实验。随后实验思想被广泛接受，在社会、政治、经济、心理学、教育、环境、健康以及其他学科领域得到了越来越多的应用。

然而将社会实验思想应用到科学技术领域的分析，则是发生在1986年切尔诺贝利核泄漏事件之后（Krohn W. and Weingart P. ，1987）。Krohn认为，后现代的科学研究正在不断消解实验室与社会的边界，和其同事Weyer在1994年提出"社会作为实验室"概念。Krohn和Weyer（1994）认为，现代科学中，越来越需要对发生在实验室之外社会之中的风险问题进行研究。由于复杂技术的运作方式，特别是它们与真实环境发生交互的方式、潜在风险，不能在实验室限定的范围之内得到研究，技术只有在社会环境中应用之后才能得到测量。他们认为从某种程度上说，核能、危险化学品、药物等的使用都具有明显的实验特性，并用"现实实验"（Real Life Experiment）、"隐性实验"（Implicit Experiments）等概念来揭示技术的社会实验现象。

沿着这一进路，Krohn又进一步提出了"真实社会实验理论"（Real World Experiment），认为在技术引入社会之前，不可能知道其社会或生态风险是否是可接受的（Gross M. and Krohn W. ，2004）。类似的概念还有"集体社会实验"（Collective Experimentation）（Latour B. ，2006），认为现代社会人人都卷入一种不可避免的实验状态，尽管这一概念并不存在于公共协商语境之中（Wynne B. and Felt U. ，2007）。

直到2009年，荷兰学者Van de Poel（2009）明确提出"技术作为社会实验"概念，并将其用于处理新技术的不确定性及其潜在危害问题。他认为新技术的社会引入并非一次性决策，一些技术属性只有在与社会的真实交互过程之中才能产生。将新技术的社会引入概念化为社会实验，有助于获取关于新技术的更多的知识，并且有助于科林格里奇困境的解决。

2.1.2 理论的应用

目前关于技术社会实验理论还没有形成共识性的研究框架，但是其理论思想已经被应用到多个研究领域，包括废弃物管理技术的发展（Krohn W.，2003）、转基因农作物的社会引入（Krohn W. and Daele W. V. D.，1998）、当代战争战略（Weyer J.，1994）、自然生态恢复（Gross M. and Hoffmann - Riem H.，2005）、纳米防晒霜案例研究（Jacobs J. F. et al.，2010）、核能技术研究（Krohn W. and Weingart P.，1987）以及可持续发展中的气候变化研究（Böschen S.，2013）等。下面主要介绍社会实验理论在环境治理、创新网络以及新兴技术伦理等领域的应用。

（1）环境治理。在生态环境领域，面对河湖污染、渔业资源的过度捕捞、森林资源的过度砍伐等，常常需要制订具有稳健性的生态恢复计划，以帮助自然生态的恢复。然而这种计划战略是否可行，在实际环境中的效果如何，只有在战略实施应用之后才能知道。因此，需要设计具有稳健性的实施战略，以保证其适用性、灵活性以及可持续性。"社会实验"理论为生态恢复战略的制定提供了有益的指导。

Gross 和 Hoffmann - Riem 将社会实验思想应用到了生态恢复项目的设计之上，以解决传统生态恢复战略稳健性不足的问题。在传统的规划设计之中，项目的战略目标一般是明确的，但是在由人和非人行动者构成的、具有诸多不确定性的自然生态系统恢复上，却面临着稳健性不足的困境。在涉及人类参与的社会自然生态系统中，常常伴随有新的行动者的诞生或消失，对系统稳态产生影响，这个时候就需要根据实际情境对既定的战略进行调整。Gross 及其同事认为，需要对传统固化的战略设计理念进行调整，因此引入了社会实验理念，将战略规划的设计概念化为多主体参与的社会实验。这一理念认为，实验要具有稳健性，首先需要能够吸收多元的不同价值，因此 Gross 和 Hoffmann – Riem 扩展了实验设计参与人员的范畴，将非学术研究人员和志愿者的思想也纳入到生态恢复实践的设计之中。当实验中出现新的行动者诞生或消失的情形时，就需要多元行动者参与问题的分析，共同来决定是否对既有的生态恢复战略进行调整、如何调整等问题。这样就可以在实验中不断改进生态恢复战略，使其更加具有灵活性、适应性以及稳健性（Gross M. and Hoffmann – Riem H. , 2005）。

20 世纪 70 年代，选择何种垃圾处理技术以提高废弃物处理的效率成为了德国面临的一个重要问题。当时提出了一种设计路线是建设垃圾压缩处理站，但是关于垃圾压缩后会产生什么样的生物化学反应，缺乏相关的研究数据支撑。Ralf – herbold（1995）认为，德国新的大型废弃物处理站的建构具有明显的实验特征。第一，缺乏相关知识。例如关于处理站内垃圾堆积产生的各种物理化学反应及长期累积导致的危害影响，这些知识在实验室中很难获得可供参考数据。第二，新的废弃物处理站具有明晰的潜在假设，即新的技术设备和组织能够有效降低风险和提高安全性。但是这一新的技术系统在与社会交互过程中是否会达到预期效果，还很难判断。操作人员一旦没有完全遵照既定的操作规范，其安全性假设就面临疑问。第三，不可能在处理站建立使用之前完全地预知其结果影响。因为，结果不仅受将来废弃物的组成的影响，还受新的废弃物回收处理策略的影响。这些不确定性说明，我们面临着这么一种"未知"的情形，不仅仅对建构废弃物处理站的社会和技术过程"未知"，而且对其实验结果也"未知"。这样 Herbold 将新废弃物处理站的引入概念化为了一场社会实验。首先，确定了废弃物处理站设计的基本原则：错误的可补救性、紧急情况下的可控性，以及废物的可回收性。其次，通过废弃物处理站在真实社会环境中的运行，来检验实验设计的可行性。这样"风险分析的参数就可以在现实社会实施中得到检验"。

（2）创新网络。在创新网络中科学具有什么样的角色，其是如何融入创新过程的？对于这一研究问题，科学的社会研究领域已经有了丰富的探讨。在这一视野下，科学不仅仅是学术概念，而且是作为一种更加宽广的知识生产事业。其目标不仅仅是建构技术和操控自然，而且对社会生活的各个方面，如教育、贫困、健康、信息、战争等都有建构意义。沿袭这一进路，Krohn 和 Daele 提出科学不仅仅提供适用的知识，而且提供"非知识"。我们通常都强调，科学研究具有将知识不确定性转化为确定性，用清晰理论替换模糊概念，以及消解技术困境的能力。然而，当这一能力向复杂性议题扩展时，我们越来越发现不知道如何处理。在复杂情况下，几乎不可能完全预测真实的技术绩效，以及其可能的负面效应。基于这一认识，Krohn 和 Daele 从社会实验视角对这一困境进行了探讨，解释了科学家是如何利用新技术来学习技术本身的问题。在这种实验设计下，技术实施过程中产生的知识，逐渐成为技术实施的基础，并以转基因技术为例，说明了 20 世纪 70 年代后期分子生物学家是如何与非科学家结成强有力的联盟，借助非科学家的资源，提供合理的经济基础，为他们目标导向的研究获取政治支持这一创新过程。在这一创新网络中科学成为变革的代理人，其在将无知转变为知识的同时，也将已经被接受的知识转变为不确定性（Krohn W. and Daele W. V. D.，1998）。

（3）新兴技术伦理。新技术作为社会实验这一路径要求我们以一种新的视角来看待技术，并将其置于确保有效的社会实验的实践机制之下。这一实践机制将有认知和伦理两个维度。在认知层面，我们需要确保能够收集到技术影响的相关信息，并将其反馈到正在进行的实验之中；在伦理层面，需要确保实验遵循某些伦理原则。针对这一问题，Van de Poel（2016）将其技术社会实验理念应用到了纳米技术、合成生物学等领域，探讨了相关技术实验的伦理可接受性问题，通过与医学实验类比，参照医学实验的伦理审查机制，提出了一个技术社会实验的伦理框架（见表 2-1）。

表 2 - 1 技术社会实验的伦理框架

四项基本原则	16 条具体社会实验伦理原则
不伤害	1. 没有其他合理的获取有关技术风险和收益的知识途径
	2. 对涉及隐私问题的数据和风险进行监管
	3. 拥有适应或者阻止实验的可能性
	4. 将风险限定在合理范围之内
	5. 必须清醒限制实验规模以避免大规模的伤害
	6. 实验设计要灵活,避免技术锁定效应
	7. 避免不可恢复的实验
善行	8. 实验要有合理的社会收益
	9. 清晰的责任界定
尊重自主性	10. 实验对象是知情的
	11. 实验需要经过合法法人主体的批准
	12. 实验对象能够影响实验的设定、执行、监管、评估、适应以及中止等各个环节
	13. 实验对象能够退出实验
公正	14. 各个实验对象都能从实验中获益,或者受到保护
	15. 能够公正地分配潜在的危害和收益
	16. 危害是可逆转的;如果不能,应当为伤害做出赔偿

资料来源: Van de Poel (2015) 研究资料整理。

不伤害是负责任的实验的首要原则。第 1 条要求在技术进入社会前,相关研究是尽可能穷尽的。第 2 条和第 3 条要求对技术社会影响进行持续的监测,如果发现有严重的风险应当尽力停止实验。第 4 条聚焦在伤害,接受不能达到完全无风险状态,但应当尽力避免伤害。第 5、6、7 条都是鼓励社会实验的渐进主义路径,不是预期所有可能的技术风险和收益,我们需要努力在社会经验中学习并建构恢复力,来确保任何技术非预期性风险不会带来毁灭性的后果。

接下来两个大原则聚焦在有利和负责任层面上。第 8 条是新技术的引入必须带来合理的收益。第9条规定了谁有责任来确保这些伦理标准的执行，需要明确责任。

第10～13条是关于自主性和知情同意。第10条要求恰当的知情原则。第11条发起社会实验需要得到批准认可。Van de Poel 同时认为这可能导致多数人的暴政。第12、13条指出，为了尽可能避免暴政，应坚持有意义的参与，参与人应当有权退出。

其余原则都与公正有关。第14、15条技术实验的利益和负担应当得到恰当的分配，并且应采取特殊措施来保护易受伤害的人。第16条要求伤害是可逆的；如果不能，受伤害方需要得到补偿。

以对纳米防晒霜案例的研究为例，Jacobs 和 Van de Poel（2010）首先讨论了纳米技术风险在现有不确定性条件下不能得到充分的评估，因此将纳米技术的社会引入概念化为了社会实验，并以含有纳米二氧化钛的颗粒的纳米防晒霜的市场化为例，分析纳米技术的社会伦理可接受性问题，认为化妆品中使用纳米二氧化钛的颗粒在伦理上是不可接受的，因其违反了社会实验的四项基本原则（缺乏可选项、缺乏可控性、有限的知情同意、缺乏持续的评估），并为改进纳米防晒霜的社会引入提出了五项补救行动，包括为消费者提供更多的信息以减少信息不对称、设置监管工具、持续的评估、安全性设计以及不断地改进管理规范，从而使纳米防晒霜的社会引入更加符合伦理可接受性原则。

Van de Poel 将社会实验理论应用到核能、纳米等技术的社会可接受问题研究上，已经取得了一些研究成果。Van de Poel（2011）从新技术引入的社会风险出发，将新技术的社会引入概念化为社会实验，接着探讨这种社会实验的伦理可接受性问题，并沿着生物医学伦理视角，提出了此类社会实验伦理上需要遵循的基本原则，然后将核能、纳米技术的社会引入情形与作者提出的伦理原则相比较，评估和修订这些伦理原则，以达到负责任实验的目的。

2.1.3 研究启示

技术社会实验理论，作为主要是用来处理新技术不确定性以及潜在危害和收益问题的新近理论，拓展了传统社会实验的应用范围，将技术社会引入概念化社会实验，丰富了关于科技治理、技术社会争议解决的理论研究。本研究将从社会实验视角出发，考察新技术社会引入的冲突，在真实社会实验中检验技术的社会绩效。

2.2 适应性管理理论

适应性管理（Adaptive Management）是通过"干中学"来提高资源管理的系统路径。其起源可以追溯到科学管理先驱泰勒。适应性管理的观念已经根植于许多概念之中，例如商业过程中的全质量管理（Senge P. M.，2006）、系统理论中的反馈控制（Ashworth M. J.，1982），以及产生生态系统（Andrews R. N. L.，1998）等，引起了生物学、经济学、生态学、教育学、心理学等众多学科领域学者的关注和研究兴趣。究其原因是它能够将政策以及政策应用与学习联系在一起。通过不断的经验学习来纠正后续的行为，当前这一理念在很多领域已经得到了广泛应用。下面主要介绍理论的概念内涵、基本框架、典型案例研究，及其对本书研究的启示。

2.2.1 概念内涵

适应性管理理念最早可以追溯到20世纪初的科学管理理念。1978年加拿大学者Holling率先发现了其在自然资源管理领域的潜在优势。后来在其与Walters

和 Gunderson 等学者的深入研究和实践下，逐渐发展成为一种成熟的管理理论和方法（荣玫，2009）。人们也逐渐认识到适应性管理在复杂环境管理问题中的潜力。

Holling（1978）首先对适应性管理进行了界定，提出适应性管理是在综合考虑社会、经济、生态各方面知识的基础上开展项目设计及实施的过程。这一理念强调：①管理决策应综合考虑生态、经济、社会等各方面的价值；②自然资源管理项目中涉及不同的利益群体；③生态环境具有内在不确定性。之后，一批学者根据研究目标的不同进一步阐释了适应性管理的概念。Lee（1993）在《环境适应性管理：科学与政治的综合管理》一书中进一步描述了适应性管理的内涵及基本管理框架。他认为生态系统存在不确定性，并把生态系统的利用与管理视为一种试验过程，从试验中不断学习。Lessard（1998）认为，适应性管理是一个持续不断的过程，包括计划制订、监测评估、适应调整等基本过程。我国学者郑景明（2002）以及佟金萍（2006）等将适应性管理界定为资源管理可持续性的一种过程，包括调查、设计、规划、评估、监测等一系列活动。

之后，Hilborn 和 Walthers（1992）又进一步总结了适应管理的基本特征：①识别可选择的假设；②评估为达到预期价值效果，是否需要采取进一步措施；③发展适应将来学习和假设的模式；④识别政策选项；⑤为比较不同选项制定绩效标准；⑥正式地比较不同选择。

随着相关理论研究的不断深入，近年来适应性管理理论发展出现了一些新气象。以 Olsson（2004）、Armitage（2009）等为代表的学者，将共管（Co - management）理念融合到适应性管理之中，进一步提出了适应性共管（Adaptive Co - management）的概念。这一理论更加聚焦于行动者、利益相关者之间的对话合作与集体学习，允许利益相关者共享管理责任，并从集体行动中得到学习提升（Armitage D., Berkes F. and Doubleday N., 2007）。

2.2.2　基本假设与管理模式

（1）基本假设。适应性管理理论以人类对自然知识有限以及自然－人类互动关系的不确定性作为理论假设，强调人类应在管理实践中学习并调整对自然环境的管理方式，从而更新以往根据经验制定一成不变管理模式的观念。

更进一步，其基本假设可概括为（荣玫，2009）：①不确定性是自然和社会的本质，管理应该承认和尊重不确定性；②知识永远是有限的和不足够的，管理者需要持续的学习；③仅靠分析解决管理问题，往往会使问题简单化；④很多管理问题只能通过经验和实验才能找到答案；⑤知识不会自动累积，而是被不断抛弃；⑥我们所知的很多是错误的，需要在实践中接受检验。

（2）管理模式。Walters 和 Holling（1990）识别出了三种适应性管理模式：渐进式、被动式和主动式适应性管理。

渐进模式，又称试错式。这种模式下，早期的选择可能是随机的或无目的的，而接下来的选择也只是与早期相比较好而已，得出的管理经验可能是无价值的。

被动适应性管理，也称为顺序型学习。这种模式下先前一段时间的数据是可获取的，后期决策依赖于对现有知识、信息和预测模型，随着新数据、知识以及信息的获取，预测模式可得到不断更新，通过模型预测得出最佳解决方案。

主动适应性管理，与前两种模式不同，它完全依赖于对新的假设检验。通过对假设检验的学习以确定最佳的管理战略。主动适应性管理具有很强的目的性，它把政策和管理活动视为试验和学习机会，并将试验结果和学习到的知识融合到政策、管理方案的制定和执行过程中。主动适应性管理为可选择的管理模式提供信息，并对相应的实施效果进行反馈，而不是集中寻找一种最有效的方法（侯向阳、尹燕亭、丁勇，2011）。

（3）适用情形。一般而言，在自然资源管理领域，适应性管理的适用情形可以概括为：资源状态对管理行为有直接的反应，并受到其他不确定性干预措施的影响（见图2-1）。适应性管理的应用一般涉及以下四点特征（Williams B. K.，Allen C. R. and Pope K. L.，2010）：①自然资源管理系统具有动态性，随着时间、环境状态、管理行动的变化而变化；②环境变量仅仅是部分可预测的，在一些情形下甚至是不可识别的，从而导致系统行为的不可预测性；③环境系统受周期性潜在管理行为的影响，而管理行为对系统行为还有直接影响或间接影响；④由于资源过程属性以及管理系统对其影响的不确定性，管理有效性受到局限，减少不确定性能够提高管理绩效。

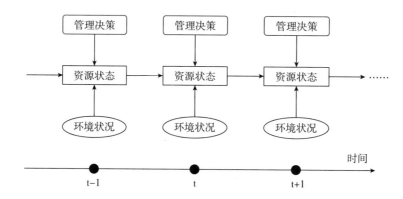

图 2 - 1　动态资源系统示意图

资料来源：Williams B. K. Adaptive management of natural resources - framework and issues ［J］. Journal of Environmental Management，2011，92（5）：1346 - 1353.

在这一框架下，管理行为、环境变量以及资源状态都随时间的变化而变动，为观察时间序列下的管理行为，"干中学"为提高管理绩效提供了机会。

2.2.3　适应性管理的基本框架

随着有关适应性管理的理论发展，以及其在现实实践中的广泛应用，适应性管理已经形成了一套相对完善的实施方法。Williams（2007）等将适应性管理分为起始阶段和迭代阶段两部分。起始阶段需要框定利益相关者、目标、可选择的管理方案、模型以及监测标准。迭代阶段则将这些元素带入到关于系统结构、功能以及管理的持续的学习循环之中（见图2－2）。

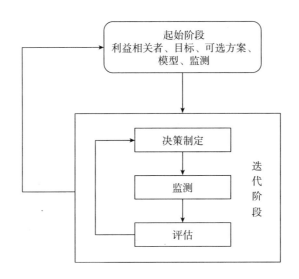

图2－2　适应性管理两阶段模型

资料来源：笔者绘制。

适应性管理的应用离不开恰当利益相关者的充分参与。这里的利益相关者包括使用、影响以及对主题感兴趣的人或组织，其在评估资源问题，达成关于资源范围、目标以及潜在管理行为方面具有特别重要的位置。目标在评估绩效、减少不确定性以及提高管理水平方面扮演着关键角色。因此在初始阶段制定清晰、可控、具有共识性的目标，对于指导决策制定、评估管理进程十分重要。可选择的管理方案是在目标、环境约束下产生的。然而模型则将潜在管理行为与资源后果联系在一起，是收益和成本的显现。模型在这里指的是随着时间，从管理输入到输出，再到结果显现的过程。其中的监测环节则是为以下四个目的提供数据

（Williams B. K., Allen C. R. and Pope K. L., 2010）：①评估管理进程；②为识别恰当的管理行为，判断资源状态；③通过对预测数据与调查数据的比较，提高对资源动态的理解；④发展和修订资源的动态模型。

具体到迭代阶段，则是决策制定、监测、评估等循环往复的过程，通过不断的迭代来持续改进管理行为，最终达成管理目标。

2.2.4 与传统管理理念的区别

适应性管理是针对机械组织管理的刚性特征，新兴的一种与知识经济紧密相连的管理理念与管理方法。一切类型的管理都存在着某种程度的适应性问题，但只有当适应性问题成为管理者关注的首要问题时，才可以称为适应性管理（朱立言、孙健，2008）。

与传统管理理念显著不同，适应性管理是从实验的角度出发，根据环境和知识不确定性的状况，来适时调整发展战略以适应管理需求；然而传统管理模式更多的是采取行政命令，将不确定性议题排除在外，管理滞后现象较为突出（佟金萍、王慧敏，2006）。

我国学者孙健（2006）从三个不同视角对适应性管理与传统管理理念之间的差异进行了分析：①从组织设计视角，适应性管理要求领导者转变自己在管理中的传统角色，通过重视团队建设、变革组织结构、培育独特价值、提高学习能力，主动地适应外部环境的变化以实现组织持续发展的目标。②从战略管理视角，适应性管理理念主张，领导者在提出战略设想之后，应将关注的焦点转向督促战略实施。当然，战略实施应有适度弹性，尤其是要具备能够抓住市场机会的快速应变能力与灵活性。③从组织文化视角，适应性管理强调学习型文化对于构建一种柔性、扁平、以人为本的可持续发展组织的重要性，将其定义为一种新的组织文化形态、一种充满学习氛围和能够激发员工创造性的文化管理模式。

2.2.5　适应性管理的局限性

适应性管理理念自产生以来，受到了广泛的关注和重视，逐渐被应用到各个学科领域。由于广泛的应用，一些理论局限和实践问题也逐渐显现，主要有以下三方面（侯向阳等，2011）：①适应性管理以"学习"为主要特征，强调管理学、心理学、生态学、社会学等多学科的交叉，在具体实施过程之中操作难度偏大；②适应性管理涉及多种利益相关主体的参与，其实施和应用需要综合各方的意见、利益，争取各利益主体的支持，因此其协商决策过程较为缓慢；③适应性管理的对象是具有高度不确定性、开放、复杂的生态系统，由于认知局限，需要不断地在实践中学习，根据实际情形调整战略方向，是一个长期且不断循环的过程，耗时耗资巨大，在实际实施过程之中，需要争取政治、社会、经济等方面的支持，保障适应性管理的顺利实施。

2.2.6　研究启示

总结来看，适应性管理是在管理实践中，通过"干中学"来不断地改进管理实践本身的一种系统方法，其倡导的是一种实验理念，将管理过程概念化为管理实验的过程，通过不断的递归学习来减少和降低不确定性。管理战略和政策只是管理实验的假设，可以在战略或政策实施的过程中通过实时的监测和评估，对实验的假设进行修正和改进，达到优化管理战略，促进自然和社会的可持续发展。

适应性管理正视生态系统功能，及生态系统对管理行为反馈的不确定性。但是，适应性管理并不是一个随机的试错过程。它涉及资源问题的形成，资源系统结构功能模型的建构，以及能够解决问题的管理行动的识别。通过监测管理干涉所产生的结果，适应性管理能够提高我们对管理行为的理解。

适应性管理是采取行动达成预期结果的管理方法。在适应性管理中，通过接下来的监测来评估决策所产生的结果，并将之与预测结果相比较；将比较结果反馈到下一步决策制定之中，以产生更加有效的决策。事实结果和期望的结果有所出入，可能是因为假设错误、管理行为没有得到恰当的落实、环境状态发生改革、监测方法不当抑或是其他原因。

具体到本书，与自然资源系统类似，新技术的社会引入同样面临巨大的不确定性，一些技术属性、影响只有在技术的社会应用过程之中才能显现。对新技术的管理手段、监测水平，同样会随时间、技术对社会的影响而变动，进而逐步提高新技术的管理绩效，使技术发展产生最大的社会、经济以及生态效益。本书将充分吸收适应性管理"干中学"的方法、理念，并将之整合到研究框架的设计之中，以丰富技术社会实验理论的分析框架。

2.3 负责任的研究与创新

"负责任的研究与创新"是一个新近的发展理念，得到了欧美理论界和社会上的广泛重视，被欧盟 2020 年远景规划以及美国学界推崇为"人类共同追求的理想"（晏萍、张卫、王前，2014），其特征是将负责任理念纳入到创新的全过程之中，强调创新成果的绿色化和普惠化，使其真正造福人类社会。当前，这一理论在一些研究计划项目中已经得到了应用与体现。例如，荷兰科学研究组织（NWO）资助的负责任的创新计划，聚焦于发展"负责任的创新"概念框架，鼓励在技术或技术产品的研发阶段就考虑其伦理以及社会启示①。欧盟 Observatory

---

① NWO．［EB/OL］．［2015 - 04 - 07］．http：//www.nwo.nl/en/research - and - results/programmes/responsible + innovation．

Nano 计划发展了两项负责任的创新工具：纳米自量评估工具和伦理工具包①。欧盟 Nanocode 计划制定负责任的纳米科学与技术研究行为规范（Ruggiu D.，2014）。

2.3.1　理论提出的时代背景

负责任的创新提出的背景主要有两个方面：一是理论层面。自 20 世纪 70 年代"可持续发展"理念提出以来，其在缓解经济社会发展与自然生态环境之间的紧张关系方面起到了关键作用。但是，实践证明这一理念的实际效果不尽如人意，理论发展也面临困境。1980 年汉斯·约纳斯（Hans Jonas）从悲观主义的视角出发，将责任伦理概念与科技进步一起分析，指出技术进步不是超脱人类控制的自主的过程，且其对人类社会的影响具有不确定性。这种不确定性既有可能转变为收益，也有可能转变成威胁，危及人类生存，甚至是破坏整个全球生态系统（Malsch I.，2013）。这就需要各利益相关主体积极行动起来，共同参与到科技创新的全过程之中。这样，负责任与创新的结合就成为了必然趋势。负责任创新理论的提出为可持续发展提供了一条可操作的路径，是可持续发展理念在当代的深化和发展（晏萍、张卫、王前，2014）。二是实践层面。20 世纪 70 年代以来，科技发展的负面效应逐渐显现，从核能发展引发的安全性问题、DDT 滥用造成的环境危机到基因技术、信息技术、纳米技术以及人工智能带来的社会伦理冲突，科学的社会责任问题引起了社会公众的广泛关注②，开展负责的研究与创新受到了科技研发以及政策制定者的极大关注（梅亮、陈劲，2016）。

---

① Developments in nanotechnologies regulation & standards – 2012 ［EB/OL］. http：//www. nanotec. it/public/wp – content/uploads/2014/04/ObservatoryNano_ Nanotechnologies_ RegulationAndStandards_ 2012. pdf.
② 王聪，刘玉强. 我国高校科研诚信政策中的科研诚信概念研究 ［J］. 科学与社会，2020，10（2）：127 – 141.

2.3.2 概念内涵

2003 年"负责任创新"概念开始出现在欧洲政策文本中，首次明确提出这一概念的是德国学者马斯·海斯托姆（Tomas Hellstrom）（Burget M., Bardone E. and Pedaste M., 2016）。这一理念提出之后，并未受到普遍的重视，主要原因在于理念中的"责任"概念主要来源于汉斯·约纳斯的"责任伦理"，其与技术创新的结合需要一个过程，"负责任创新"的应用起初比较受限。近年来，各国对新兴科技的伦理法律和社会问题越发关注，在新兴科技研究中开始设立有关其社会影响的研究项目，例如美国国家纳米技术计划（NNI）就专门设立了"纳米技术对社会的影响"课题，强调负责任地发展纳米技术（冯瑞华、张军、刘清，2007），使得"负责任创新"引起学术界的广泛关注。2013 年 9 月，以美国亚利桑那州立大学教授大卫·古斯顿任主编的学术期刊《负责任创新》正式创刊（Burget M., et al., 2016）。

目前，关于负责任创新的概念内涵的探讨主要来源于两个方面（Bakker E. D., Lauwere C. D. and Hoes A. C., 2014）：一方面来源于科技政策制定者以及欧盟委员会的各类型资助机构，巴克（Bakker）将这类定义称为管理定义（Administrative Definitions）；另一方面来源于学术研究领域，也可称为学术定义。

（1）管理定义。2011 年 5 月，萨克利夫（Hilary Sutcliffe，2011）在"负责任的研究与创新报告"中就试图对负责任的创新的要点进行总结：①聚焦于研究和产品创新，获取社会和环境收益；②社会需要持续不断地参与创新的全过程，这里的社会包括作为公共事业一部分的公共和非政府团体等；③在评估和优先性方面，将现在以及将来的社会、伦理和环境影响，风险和机遇，与技术和商业综合在一起考虑；④监督机制能够更好地预测和管理潜在问题和机会，也能够快速响应不断变化的知识和环境；⑤开放和透明成为研究和创新过程的一个必要组成部分。

依据这些要点，2011 年欧洲委员会成员尚伯格（Von Schomberg，2014）将负责任的研究与创新定义为："一个透明的、互动的过程，其中社会行动者和创新行动者可以相互响应，从而了解创新过程及其产品的伦理可接受性、可持续性以及社会满意性，使科学和技术合理地嵌入我们的社会生活。"尚伯格的定义将萨克利夫总结的包容性、参与性、可预期性、社会满意性以及伦理可接受性五个要点全部包括了进去。

2013 年，以荷兰的霍温（M. J. vanden Hoven）教授为首的专家组组织编写、欧洲委员会出版的《加强负责任研究与创新的选择》，给出了"负责任研究与创新"的另一界定："负责任的研究与创新（RRI）是研究与创新的一条综合性路径，使参与研究和创新过程的所有利益相关者在研究早期阶段（A）获得有关其行为和选择的相关知识以及可能的后果；使（B）在社会需求和道德价值方面更有效地评估结果和选择；（C）将这些考虑（在 A 和 B 下），作为新的研究、产品和服务设计和开发的功能性要求。"这一界定更加明确地指出"负责任创新"是研究和创新的关键部分，是一种集体的、具有广泛包容性的系统方法。

（2）学术定义。除了政策文本中的定义外，一些学者在其学术研究论文中对"负责任创新"也给出了自己的定义。例如，Roco（2011）等总结了负责任创新的四个特征：①创造性的跨域部门和学科界限；②综合考虑健康、安全和环境问题；③涉及政府机构以及其他利益相关主体；④保证预期和适应的长效措施。

Stilgoe（2013）等进一步发展了负责任的创新概念，认为"负责任创新意味着通过当前对科学和创新进行集体管理，达到认真对待未来的目的"。荷兰学者马尔施（Ineke Malsch，2013）则认为，"负责任的创新更多的是聚焦于伦理责任，而非法律责任，集体层面而非个人层面，面向未来的而非回溯性的，将责任归为异质性全体的责任，包括国家、科学共同体，产业以及社会"。

此外，我国学者对负责任创新的概念发展也有自己的贡献。例如，赵迎欢

（2011）认为，负责任创新的本质是信念伦理，强调负责任创新是技术美德的集中体现；梅亮和陈劲（2016）等在综合国外研究的基础上，提出一个以行为主体、相关活动和行为准则为基础要素，以预测性、自省性、包容性和响应性为核心维度的责任式创新理论框架。

2.3.3　研究框架

目前国外关于负责任创新的实施主要有三条路径：一是制定负责任创新的实施框架。其中比较有代表性的实施框架是英国学者欧文等提出的"四维度"模型框架，包括预期、反思、审议、反馈四个维度，其基本进路是预测创新的直接影响和间接影响并对创新行为主体的假设、动机、行为等进行反思，同时招募多类型的异质性行动者参与其中，以应对创新过程中可能出现的意外事件（Stilgoe J., Owen R. and Macnaghten P., 2013；赵迎欢，2011；Owen R., Stilgoe J. and Macnaghten P., 2011）。二是制定负责任创新的实践工具。例如，双重使用工具、伦理工具包、纳米自我评估工具、在线伦理学习学校等（Malsch I., 2013）。三是制定负责任创新的实施流程。如遵纪守法－预测未来法律要求－将价值链视为生态系统－发展负责任产品与服务－引领变革（Pavie X., Scholten V. and Carthy D., 2014）。下面主要介绍英国学者欧文等提出的具有广泛代表意义的"四维度"模型框架以及尚伯格的"两维度"模型。

2.3.3.1　四维度模型

（1）预期维度。描述和分析可能产生的或潜在的经济、社会、环境以及其他方面的意外事件及其影响，由包括预见、技术评估和情境规划等方法支持。这不仅有助于表达技术的承诺以及预期，也有助于探索创新影响的扩散路径，促使科学家和创新行动者考虑"如果……会怎么样"和"还有什么可以做的"等问题。考虑到合法性问题，这些方法并不旨在预测，而是作为一个聚集问题和探索可能影响及启示的空间，作为对创新目的、承诺和可能影响进行考量的切入点。

（2）反思维度。对隐含的目的、动机和潜在的影响进行反思，什么是已知的（包括监管、伦理审查或其他形式的治理等）以及什么是未知的；相关的不确定性、风险、忽视、假设、问题以及困境等。

（3）审议维度。运用开放的视野，通过对话、参与和辩论等议程，就公众和不同利益相关方的观点进行集体审议。议题包括创新的目的、问题和困境等，通过审议确定潜在的竞争性话题。Sykes 和 Macnaghten（2013）认为，这种审议的目标应当是规范性和实质性的，与公众共同商议创新的性质和轨迹，共同生产可靠的选择。

（4）反馈维度。负责任创新的方向设定和影响是一个通过有效的参与和预期治理机制达成的、集体性的反身性过程。这一过程应该是递归的、迭代的、包容的和开放性的，是一个动态适应性学习的过程。

这样"负责任创新"将技术创新的视角扩大到了社会、伦理道德、公众利益、制度建设等领域，关注整个技术创新过程中的利益相关者，协调其中有分歧的甚至是冲突的价值观，以期实现双赢或多赢的目的①。

2.3.3.2 两维度模型

尚伯格认为，从技术发明到技术产品的市场化应用直接存在着很长时间的滞后性，科学和技术进步的影响很难得到完整的预测。并且他以转基因技术引入所产生的社会影响为例，说明技术进步的影响很难得到预测。因此，尚伯格提出对研究和创新过程进行早期的社会干预有助于避免技术社会嵌入的失败或者说帮助其正面或负面影响在早期阶段就得到较好的治理。在这里，尚伯格（2013）提出了负责任创新的产品和过程的两维度模型。

（1）产品维度。产品维度是指技术产品的设计和评估，要对环境和人类健康、可持续发展以及社会福祉有很高的保护水平。这里主要包括：①产品的（伦

---

① 和鸿鹏，刘玉强. 面向真实社会的实验：负责任创新的微观解读［J］. 自然辩证法研究，2018，34（8）：51－56.

理）可接受性，产品设计遵循基本的价值原则，符合基本伦理规范，同时也包括产品的安全性问题；②可持续性，贯彻可持续发展理念；③社会满意度，类似于生活质量，是指对产品的发展和评估，不能只考虑市场利润，社会目标也要纳入到考量体系之中。

（2）过程维度。过程维度是指负责任的创新要达到一个更加负责任的、适应的和整合的创新过程管理。一个涉及利益相关者以及其他兴趣团体参与的多学科路径走向一种包容性创新，这种创新形势下技术发明者对社会需求负责，社会行动者对创新过程共同负责，通过建构性输入符合社会意愿的产品。产品和过程维度本质上是交叉在一起的，具体实施需要通过五个机制：技术评估和预测、预防性原则的应用、技术设计阶段标准的伦理原则、创新治理以及利益相关者与公众参与。

2.3.4　研究启示

无论是四维度还是两维度"负责任创新"模型，都强调要尊重各利益相关主体的价值诉求，搭建沟通和对话的平台，通过审议协商，使创新的工程和产品为公众所理解、社会所接受，降低因信息不对称造成冲突的可能性；强调创新不能仅仅考虑市场利润因素，也要将更广泛的社会目标纳入创新绩效考核之中。"负责任创新"的思想与本书负责任的实验理念相匹配，对于本书研究理论和分析框架构建具有参考意义。

本章小结

本研究将从社会实验视角出发，将核技术、转基因技术、纳米技术的社会引入概念化为社会实验，考察新技术社会引入的冲突议题，在真实社会环境中检验技术的绩效。同时，以实验为名就需要考虑实验的规则和伦理问题，构建负责任的实验监管框架。这里的负责任创新理论成为本书构建负责任实验的基础。技术社会实验的监管需要具备学习性、适应性、动态性、灵活性等基本特征，而传统自然资源管理领域的适应性管理理念恰恰都具备这些特质。本书认为，可以将适应性管理理念移植到技术社会实验监管框架的构建之上，一方面拓展适应性管理理论的应用范围，另一方面为技术社会实验的监管提供可参考的框架。

3 分析框架

尽管社会实验理念已经在技术领域得到了一些应用，在负责任创新背景下更是受到越来越多的关注，但是关于技术社会实验框架的建构与阐述，仍然明显缺乏系统性和一致性。因此，在正式案例分析之前，本章首先对技术社会实验的概念内涵、基本假设和基本特征进行梳理，并在此基础上分析技术社会实验中冲突的消解和形成机制，构建本书的分析框架。

3.1 技术社会实验作为分析视角

3.1.1 概念内涵

在综合先前学者关于社会实验理论内涵探讨（第 2 章）的基础上，本书认为，技术社会实验是一种状态，是指由于现代科技知识的复杂性和不确定性，实验室研究不足以完全确证新知识和技术产品的正确性，使新技术引入社会后，人们被迫卷入一种实验状态，在社会中学习和了解新技术，验证技术知识系统的正确性。因为这种技术实验发生在真实的社会环境之中，所以称为技术社会实验①。

3.1.2 前提假设

在概括已有研究的基础上，本书的案例研究将从以下两个前提出发，后文不再赘述：

（1）社会成为新技术实验室，一些技术属性和风险特征只有在新技术的社会应用中才能得以识别和发现。现代科学工程、技术产品都具有明显的实验特性。由于一系列原因，在新技术进入社会前不可能对其可能的危害进行完全的预测，它们的社会引入仍然具有实验特性：①在实验室中进行风险评估，首先需要识别可能的危害或风险因素。然而，在这一过程中某些危害可能被忽略。技术或技术产品的安全性测试也是如此，有些危害只有当技术引入社会之后才可能逐步显现。②实验室或小规模领域测试并不能完全代表技术或技术产品最终面临的社会环境。现实环境远比实验环境更加复杂，在实践中，很难识别风险相关因素。③风险可能来源于长期的物质累积效应，甚至是在与其他物质的交互过程中产生。例如 DDT 对生物环境的影响，抗生素滥用对病毒病菌的影响等。这样的累积效应或长期的交互影响在实验室中不能得到有效而充分的研究。④自然和社会系统之间的关系可能是非线性的。受控实验环境中得到的测量结果放大到真实的社会环境之中可能并不适用。要发现技术或技术产品真实的社会影响，只有将其引入社会之后才能发现。

上述一些原因已经能够表明，至少在一些情形下，社会已经成为了技术或技术产品的实验室。

（2）技术不确定性在某种程度上是不可减少的，但是在可以减少的范围内，这种不确定性的减少是一个持续的过程。与传统的不确定性处理方法，包括风险

---

① 刘玉强，齐昆鹏，赵公民. 技术社会实验的理论起源与实践应用［J］. 科技进步与对策，2018，35（16）：16 – 21.

成本效益分析、风险标准、预防原则和情景规划等相比，基于风险概念的方法，需要可靠的关于潜在负面事件的可能性和相关后果的知识来计算风险。然而，这在新兴技术的社会引入中通常是缺乏的。基于预防原则或以情景为重点的方法提供了有趣的替代方案，但仍需注重对技术后果的预期。这种方法假设在新技术引入社会之前，可以充分减少关于技术危害和利益的不确定性。对于新兴和复杂的技术，这种假设是不现实的，不仅因为实际和认识论的局限性，而且因为这些技术的特性和后果是技术和社会共同演进的结果（Rip A.，1995），发生在技术的"社会嵌入"过程（Green K.，1992）之中。技术社会实验方法是唯一认识到不确定性在某种程度上是不可减少的，但是在可以减少的范围内，这种减少是一个持续的过程。

3.1.3 基本特征

在 Krohn 对技术社会实验现象研究的基础上，Ralf Herbold（1995）拓展了技术社会实验理论，提出"与传统的实验室实验类似，社会实验也应当由实验假设，有组织的研究过程，以及实验情景的定义构成"，并从技术建构论的角度提出了技术社会实验的三个基本特征：①技术建构发生在开放的社会过程之中；②技术成为科学反身的客体；③"干预－修正"和反身性机制嵌入到技术引入的过程之中，使技术选择保持开放性。随后，Herbold 将技术社会实验思想应用到德国比勒费尔德市一项新的废弃物处理站设计的案例研究中，提出"实验设计从纯粹的工具特性，转向了技术社会实验"（Krohn W.，2003）。

与自然科学实验对比，本书将技术社会实验的特征概括为以下四个方面：

第一，技术社会实验不仅影响科学的内部，也形塑着社会和自然环境。传统实验在道德上是中性的，因为其影响的只是科学内部，对社会或自然环境无害。然而技术社会实验则是发生在开放的社会环境之中，与社会和自然环境产生交互过程，技术属性及其对社会和自然环境的影响逐渐显现，非预期性的技术后果不会被限定在一个国家范围之内。技术社会实验在形塑自身的同时，也形塑着社会和自然环境。

第二，技术社会实验没有明确的实验设计人员，具有不可控、不可逆、不可预期等显著特征。传统实验具有清晰明确的界限，实验具有可控、可逆、可预期等基本特征，实验人员独立于实验之外。然而在技术社会实验中，没有明确的实验人员，实验人员是实验整体的一部分，实验中的参与者群体都有可能对实验产生影响。

第三，技术社会实验具有多主体参与的特征。科研人员、产品制造商、政府监管机构、消费者、非政府组织甚至普通社会公众等都是技术社会实验的参与人员。这些行动主体共同构成了技术实验的社会网络。一方面通过风险共担，能够降低技术社会实验失败的风险，另一方面也引入了新的不确定性，特别是当"意外事件"发生、行动主体不能协商一致时，就有可能导致网络崩溃，使技术的社会引入面临失败风险。

第四，技术社会实验具有反身性，是一个可选择的学习过程，注重对实验中意外事件的学习，在实验中不断学习改进实验本身，从而达到生产知识的目的。传统实验室研究强调的是控制变量，一切不可控因素通常都被排除在外。实验严格按照设计流程开展，以达到预期结果。技术社会实验所面临的环境则具有众多不确定性，特别强调对实验过程中产生的意外事件进行学习，以不断改进实验本身，达到知识生产的目的。

3.2　冲突作为建构性学习资源

现代冲突理论已经认识到了冲突的两面性，即冲突对于组织或群体既具有建设性、推动性等正面属性，又具有破坏性、阻滞性这类的反面属性（马新建，2002），开始将冲突作为一种学习资源来对待。本书认为技术社会引入的冲突，同样可以作为一种分析学习资源，以促进知识生产和社会进步。同时，对冲突进行学习的过程，也是冲突消解和重构的过程，而这一过程是通过技术社会实验来实现的。

3.2.1 冲突及其概念化

冲突是一种广泛存在的社会现象，存在于人类社会活动的各个主体、各种层面之中。其一般定义为：个人或群体内部，个人与个人之间，个人与群体之间，群体与群体之间观念、信仰、行为、角色、需求、价值等的不相容（杜宇，2007）。冲突的内涵十分丰富，在社会学、心理学、政治学等不同的学科领域有不同的阐述。在类型上既包括道德、宗教、文化等方面的价值观念冲突，也包括涉及多行动主体的经济利益冲突、战争冲突等。

冲突是包括态度和行动在内的社会行为。抗拒态度表达了批评性意见、观点、看法、信念和论据。当行动者认为态度不足以表达其抗争时，就有可能采取相关行动，包括游行示威，公开的争议讨论、抗议抗争等。冲突的基本特征是动态力量、意图、意志力的碰撞。冲突可能是短暂的，随后消失，也可能持续一段时间，演变为一种社会仪式（Bauer M. W., 2015）。像核技术冲突在一些地方（如德国、奥地利）已经成为一种仪式①。

本书中新技术社会引入的冲突是指技术系统与社会系统、专家系统与公众系统，以及技术支持者与反对者之间在技术风险认知、技术价值判断、技术社会影响认识等方面的不一致。具体可以涵盖以下三个方面的主要内容：①管制冲突，包括国际间法律法规冲突、管理规范冲突等；②技术的社会冲突，是指技术对社

---

① Bauer M. W. Atoms, bytes and genes: Public resistance and techno – scientific responses [M]. Routledge, 2015: 94 – 95.

会生活、环境、健康和安全的影响，以及因新技术引入而产生的不同主体对技术的社会认知冲突、主体间各式各样的利益冲突等；③技术的伦理冲突，主要包括新技术的安全性，公众的知情权、选择权、隐私权，技术收益与风险的公正分配，人体增强等议题。

冲突的表现形式有多种，包括非合作和非暴力象征性行动，例如收集签名，分发传单和小册子以及集会；经济行为包括消费者抵制，避免消费某些产品或拒绝为某些机构提供服务，以及公开的争议讨论、抗议抗争等。

3.2.2　冲突的功能

在科技占主流话语的社会中，冲突通常被认为是一种技术发展过程中的障碍。与这种认知相反，本研究认为"冲突"应当成为一种建构性学习因素，打开冲突过程，才能更好地促进技术的发展，使技术发展真正增强全人类的福祉。

技术冲突的基本功能是预警，其主要功能为：①引发我们关注被忽视的问题；②评估既定的技术方向，开拓其他技术路径，实现结构性学习；③促进社会学习和技术进步。

其影响主要是两个层面①：①在管理层面上，使技术管理战略做出调整，导致技术项目的推迟、暂停甚至改变技术项目本身；②在技术自身层面上，导致对技术项目的重新定位，提高对技术项目本身及其影响的认知，促进对技术属性和风险特征的学习。

3.2.3　冲突的转化模型

社会科学领域对冲突早就有了介入研究，主要的研究范式有"科学态度""风险感知"等，将问题界定为专家知识与地方知识的冲突，用信息缺省模型来

---

① Bauer M. W. Atoms, bytes and genes: Public resistance and techno – scientific responses [M]. Routledge, 2015: 97.

解释（人们知道得越多，对技术的支持也就越多）或者缺失信息处理（如果人们知道得更多，那他们会做出更好的选择）。然而这种将冲突归结为技术发展之外的原因的解释存在明显局限性①。从技术引入的进程看，公众对待核能、转基因以及纳米技术的态度有所不同，对新兴技术引入冲突的探讨还需要认真考虑技术科学本身的问题。

本书认为不确定性不是技术发展的本质属性。不确定性是在科学和创新实践中建构的，产生于试图对技术和社会控制的过程之中（Stilgoe J.，2007）。技术社会实验提供了一种界定不确定性的新方式。在技术社会实验中，什么是已知的、未知的，什么是确定的、不确定的，什么是可预测的、可预测的都得到了重新建构。

在技术社会实验概念下，新技术引入的冲突可以被概念化为：在这种多主体、多价值参与的技术社会实验之中，基于不确定性，各利益相关主体对新技术的价值、属性、风险特征以及未来的社会绩效有不同的判断，即关于技术社会实验有不同的实验假设。社会实验提供了比较实验假设和所观察到的技术真实社会绩效的方式（Overdevest C.，Bleicher A. and Gross M.，2010）。

本书并不是直接分析新技术引入的冲突问题，而是从技术冲突的缘起出发，将其概念化为关于技术社会实验的不同实验假设之间的冲突。然而真实的社会环境就是这些不同的实验假设得以验证重构的场所。在这种技术社会实验之中，有的实验假设得到了支持，有的得不到支持，有的假设被抛弃，有的假设得以重新调整。伴随着这一过程，新技术引入的冲突得以在技术社会实验之中重新建构，有的冲突得以化解，得到重新的解释；有的冲突可能仍保持顽固；甚至随着实验进程的展开，对技术认知的加深，还有可能产生新的冲突议题（见图 3 - 1）。

---

① Bauer M. W. Atoms, bytes and genes: Public resistance and techno - scientific responses［M］. Routledge, 2015: 212.

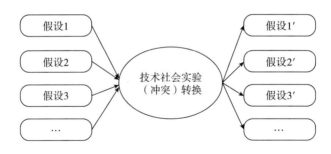

图 3-1 冲突的转换模型

3.3 "意外事件"作为对实验假设的验证

3.3.1 关键概念界定

（1）实验假设。技术社会实验具有多主体参与的特征，基于个人价值、组织利益、地方经验以及技术不确定性，各利益相关主体对新技术的价值、属性、风险特征以及未来的社会绩效有不同的判断，即关于技术社会实验有不同的实验假设。然而真实的社会环境就是这些实验假设的验证场所。

（2）实验情境。实验情境，是指技术引入后所面对的真实社会选择环境，其构成要素包括相关行动主体、价值倾向和利益诉求、管理政策和制度安排、社会需求以及先前的重要历史事件等。这些对新技术实验进程都有重要影响。

（3）意外事件。本书认为，由于新技术的复杂性和不确定性，特别是当缺乏足够可获取的相关知识时，技术社会实验系统很可能不会按照所预期的轨迹发展，就会出现反常状态，我们将实验系统的这一反应概念化为"意外事件"。对

"意外事件"进行深入剖析，能够促使行动者对先前的技术知识进行拷问，调整理论知识甚至是行动计划。

3.3.2 "意外事件"学习机制

解释技术本身的实验特性，提供了我们重新思考技术引入风险和不确定的新角度。对于汉斯·约格·莱茵伯格（Hans - Jorg Rheinberger，1998）来说，"实验系统"是一个已知和未知的谈判场所；实验涉及控制"意外事件"，"实验，作为制造未来的机器，一定会产生意想不到的事件"。

科学家对于这种技术社会实验中的"意外"怀有积极的态度，因为实验的目的就是探索未知，发现"意外"。但是对于生产制造商、政府监管机构以及受影响的消费者来说，"意外"可能会产生不良的影响。Gross（2010）认为，"意外事件"是科学创新的组成部分，但是它超越了传统的、可以控制的风险和概率范畴。对技术风险评估的预防性批评，至少部分是由于监管无法预测或处理意外事件。

本书认为对技术发展中的"意外事件"进行分析，是打开技术社会实验的必然环节。首先，将技术的社会引入概念化为社会实验，将其引入后的自然－社会系统状态称为实验"初态"。随后，进入实验"观察"状态，这里的观察者角色包括技术专家、生产制造商、政策制定者、消费者以及被动参与其中的普通社会公众等。当实验系统的变化在观察者的预期范围之内时，就可以认为实验处于"正常"状态。然而，由于新技术的复杂性和不确定性，特别是当缺乏足够可获取的相关知识时，这一技术社会实验系统很可能不会按照所预期的轨迹发展，就会出现反常状态，我们将实验系统的这一反应概念化为"意外事件"。

对"意外事件"进行深入剖析能够促使行动者对先前的技术知识进行拷问，调整理论知识甚至是行动计划。如果"意外事件"导致了先前未知的负面效应或者原先行动计划的完全失败，那么进入由"知识生产"和"利益协商"所构建的多方行动者协商程序，从而导致对现有理论或假设的重新考察，重新调整规划策略等。在这里，一方面知识生产有助于促进策略调整、战略选择，另一方面对老的策略进行修正又有助于新的知识生产。两者的互动能够逐渐改善整个实验循环过程，促使实验的良性发展（见图3-2）。

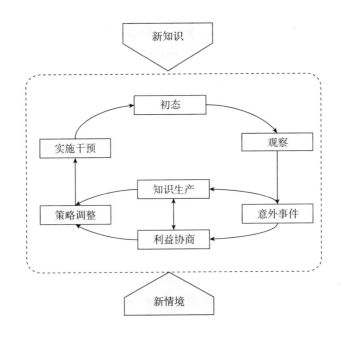

图3-2　"意外事件"的学习机制

资料来源：笔者绘制。

由于实验涉及多方不同的利益相关者，每一方所持的观点立场不尽相同，因此在"意外事件"出现后，观点观念的冲突难以避免，这就要求实验必须保持足够的开放，能够使各方行动者充分交换观点态度，为合作协商打开空间。无论最终采取何种策略，实验的最后一步都是对整个系统"实施干预"。在这一循环下，只有当"实施干预"完成，才能够开始一个新的治理循环。同时，社会实验还涉及与外部知识和情境的互动，新的相关知识、演进中的实验情境也会输入到整个实验系统之中，对技术社会实验产生影响。

这一循环完成所有步骤之后，一次实验治理循环结束，同时新的知识理论也进入到新的制度安排之中，而新的制度安排也会反馈到新的知识生产过程之中。随着实验情境的变化以及新知识的输入，利益相关者的价值观念和对技术发展的认知也有可能发生变化，产生新的竞争性的实验假设，这样随着实验进程的不断展开，可能就需要不断地调整技术发展战略方向和管理策略，以使技术发展真正符合所有利益相关者的意愿（刘玉强，2017）。

3.3.3 本书的分析框架

本研究从社会实验视角出发，将技术社会引入过程中的冲突概念化为不同实验假设之间的竞争冲突，在真实的社会实验环境之下对实验假设（冲突）进行验证，观察技术在社会中的真实绩效情景。将具体的"意外事件"当作是对实验假设的验证，每次验证之后都存在实验假设调整，即有的实验假设可能被抛弃，有的则进一步固化，甚至衍生出新的实验假设。以此来考察整个技术社会冲突，哪些是可消解的，哪些是不可消解的，可消解的又是一个怎样的过程。

在解构冲突、建构冲突、学习验证冲突、冲突稳态形成这一过程中，相关行动者立场态度的转变、行动者的分化与整合也是一个关键的考察因素。基于现有研究，本研究更加关注科学家在其中立场态度的转变问题。

本书分析框架由两部分构成：一部分是技术冲突的转换模型；另一部分是技术社会实验中"意外事件"的学习机制。在技术引入社会之前，关于技术的不同的实验假设构成了实验假设集 C，经过实验过程，形成了关于技术的新的实验假设集合 C′。然而这一实验过程通过"意外事件"的学习机制得以打开。本书对于案例的研究将按照这一分析框架逐步展开（见图 3 - 3）。

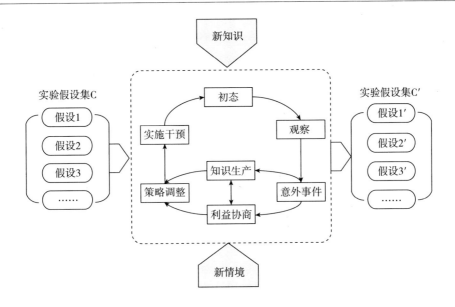

图 3 - 3　分析框架

资料来源：笔者绘制。

4 核技术社会实验

经过几十年的发展，世界范围内核电站安全性、核辐射危害、核电站选址、核废料处理等问题成为核技术社会引入所产生的主要冲突议题，给各国核电事业发展带来困扰。加之，核安全事故问题的不断出现①，使世界反核运动此起彼伏呈现周期发展的现象。如何看待和处理这些冲突议题，冲突在社会中是如何形成的，又是如何消解的，这些都是理解核技术发展的重要问题。下面将从社会实验视角，按照分析框架，分析英国气冷反应堆技术、美国轻水反应堆技术以及苏联石墨慢化沸水反应堆技术案例，进而说明社会是如何处理核冲突议题，并将其转换为社会学习资源，在社会中学习和了解核能技术，不断消解核技术引入的社会冲突。

4.1 核技术引入的社会情境

原子弹爆炸和民用核电的发展是现代社会的分水岭。"二战"结束后，是否

---

① Wm. Robert Johnston. Database of radiological incidents and related events [EB/OL]. [2017 - 01 - 20]. http://www.johnstonsarchive.net/nuclear/radevents/.

拥有制造核武器的能力成为一个国家军事实力判断的重要依据。在"和平利用原子能"背景下,核能被描述为一种清洁、高效、廉价的能源,无论是科学共同体还是社会公众都对核技术发展抱有极大的热情①。媒体更是用"原子社会""核时代"以及"原子革命"等术语来引导公众,使公众对核能抱有热切希望。

"二战"后,在政治上形成了三大国际原子能网络。第一个网络是以美国、英国以及加拿大为主导,巴西和比利时是其铀以及其他材料的来源地;第二个网络包括法国、瑞典、挪威以及荷兰;第三个则是以苏联为代表的东欧地区。到1960 年,已有30 多个国家都制订了自己的原子能发展计划,其中包括中立的瑞士。随后核电进入高速发展期,特别是20 世纪70 年代能源危机的爆发,进一步促进了核电的爆发式增长。

然而随着三里岛和切尔诺贝利核电站事故的发生,核电在公众认知中的"安全"印象被打破,公众对核能的支持态度出现了转变,在美国、德国等西方国家核电发展已经处于停滞状态,公众"反核""厌核"情绪不断累积,集体性的反核运动此起彼伏。即使在核电发展方针没有重大变化的中国、日本、韩国等国家,公众反核运动也时有发生,使20 世纪80 年代之后世界核电发展几乎停滞②。

4.2 核技术引入的风险

"二战"结束后,美、苏两个超级大国在进行核军备竞赛的同时,也竞相发展民用核技术。1956 年英国开建了世界上第一座核电站 Calder Hall,位于英格

① Bauer M. W. Atoms, bytes and genes: Public resistance and techno - scientific responses [M]. Rout-ledge, 2015: 33.

② 刘玉强,齐昆鹏,赵公民. 大型社会技术系统的实施验证——"事故"作为一种学习资源 [J].系统科学学报,2018,26 (4):35 - 40.

兰。截至2015年12月，全球30多个国家在运核电机组总计439台，其中大部分都建设于1965~1980年。英美主导了这一进程，法国、日本和苏联也迅速加入核电建设热潮。一些国家电力生产严重依赖核能，比如法国、韩国、瑞典、比利时以及以苏联为代表的东欧国家等[①]。从世界核电发展历程来看，大致可分为四个阶段：实验示范阶段（1954~1965年）、高速发展阶段（1966~1980年）、减缓发展阶段（1981~2000年）以及开始复苏阶段（21世纪以来）（邹树梁，2005）。核电已经与煤电、水电成为世界电力供应的三大支柱，在世界电力结构中有着重要的地位。目前，世界上已有30多个国家和地区建有核电站，主要分布在北美、欧洲及东亚的一些工业化国家，核电发电量约占全球发电总量的17%，18个国家和地区核发电量占发电总量的比例超过了20%。截至2015年12月，全球在运核电总净装机容量约为382.5GW（伍浩松、郭志锋，2016）。

除了核电站技术外，核技术在放射诊疗、安全检查、烟雾报警、无损探测等领域都有广泛应用，深化了农业的绿色革命，促进了工业的技术改造，提高了人类征服疾病的能力，推动了环保事业的发展。

核能作为一个具有潜在重大社会收益的技术在社会引入之初，并没有引发广泛的冲突议题。各国科学界、产业界以及普通社会公众几乎都持积极支持态度。然而，当时的核技术是否如引入之初人们所设想的那样是一种安全、廉价、高效、清洁的能源技术呢？这一点只有核电站被建造运行之后才能得到有效的研究评估。

Weyer（1995）通过对波音777飞机设计的研究得出，设计复杂技术系统的科学家和工程师不仅仅通过正常的技术操作来学习技术，而且通过技术失败也可以学习，因为这使他们发现自己忽视的系统因素。社会技术系统从实验层面进入到社会层面，其复杂性超出了工程模型，将其应用到另一社会情景中，具有明显

---

① Bauer M. W. Atoms，bytes and genes：Public resistance and techno - scientific responses ［M］. Routledge，2015：34.

实验的特性，并将实验研究与技术创新的社会风险概括为以下三个方面：①认知风险，由于知识的不完备性所引起的风险，以及在追求通过实验扩展理论有效性的过程中所产生的风险；②设计风险，包括系统设计缺陷，这一点在复杂和过分自动化的技术系统设计中尤为突出；③社会网络风险，社会网络中的利益相关者由于不同的利益诉求，在网络行动中可能引发的潜在风险后果，以及社会合作风险等。核技术，特别是核电站技术就是这种复杂的社会技术系统，在其社会引入之初同样面临着认知风险、系统设计风险以及社会网络风险。

（1）认知风险。核技术在引入之初，科学家对核危害及其风险的研究并不充分，相关知识并不完备。以核辐射的剂量效应研究为例（刘树铮，1995），20世纪50～70年代核辐射防护体系一直沿用无阈值假说，认为辐射致癌不存在剂量阈值，换句话说，任何微小剂量的射线都将增加人群癌症的发生率。这一假说并未得到辐射流行病学核放射性生物学的充分支持，而且有悖于某些实际观察。随着新资料的不断积累，学术界对此假说提出了越来越多的质疑。到20世纪80年代初期，"辐射兴奋效应"的新观点才发展起来，颠覆了无阈值假说。

（2）系统设计风险。核电站建设运行是一项复杂的社会技术系统。然而核电站技术在引入之初，所应用的技术也并非是最安全的技术，是与军事核应用相对而言较次的技术，也就是被军事应用上淘汰的核技术①。由于缺乏天然铀，英国核电站建设早期更加偏爱石墨气冷反应堆，在核电选址上的限制较少。然而美国核电技术路径，来源于潜艇推进系统，使用浓缩铀和轻水，需要建设在城市群50千米以外，以及靠近水源的地方。加压水冷却堆和轻水冷却堆的设计就是遵循这一路径。

因此，商业化反应堆模型一开始并不是最优的。不安全的两用燃料循环的轻水反应堆成为了军事议程上的标准。到20世纪70年代，大部分国家都停止了自

① Bauer M. W. Atoms, bytes and genes: Public resistance and techno – scientific responses ［M］. Routledge, 2015: 35 – 36.

己的反应堆设计，基于经济可行性等目的，开始选择使用美国商业化设计的反应堆。英国和加拿大则维持着其他设计（石墨重水反应堆）。苏联的（石墨反应堆）技术设计则主导着东欧。技术决定论在核能领域盛行。多种不同的核电站技术设计路线，在没有大量反应堆运行经验数据下大量上马。各类型核反应堆的系统设计缺陷不能得到有效的识别。

（3）社会网络风险。社会网络能够提高技术绩效，减少技术引入的不确定性。不同的行动者通过合作，交换资源来达到各自的目标。网络在减少风险决策的危害时，也引入了其他潜在风险。一旦技术预期与真实的社会绩效之间出现巨大反差，网络有可能面临崩溃的危险，给技术发展带来灾难性危害，核技术也是如此。在核技术引入之初，从政府报告到公共舆论都将其视为一种"安全、高效、清洁、廉价"的能源。并用"原子社会""核时代"以及"原子革命"等术语来引导公众，使公众对核能抱有热切希望。

在这里军工联合体是核能计划的最主要推动者，它属于国防部以及国防工业等公私联合体。核电站属于一种准武器系统，其创新类似军事领域的创新，其规划设计不属于自由市场领域。公众对具体的核电技术及其创新知之甚少。一旦发生重大核事故，逆转核能在公众中的完美形象，这一围绕核能组建的社会网络很有可能面临崩溃风险。一些不安全的核反应堆设计可能遭到摒弃，不同的利益相关者之间也可能出现冲突矛盾，从而成为核能发展的"绊脚石"①。

从这几层意义上，核技术的社会引入等同于一场全民参与的社会实验。我们不得不在核电站社会运行之中，来发现关于核技术的新知识、验证核反应堆系统设计的安全性、学习核电发展引入的社会网络风险。

回溯地讲，可以将过去发生的很多事件都概念化为社会实验，在某些意义上"事故"或者说"意外事件"是打开社会实验的必然环节（Gross M. and Hoff-

---

① Bauer M. W. Atoms, bytes and genes: Public resistance and techno – scientific responses ［M］. Routledge，2015：35 – 36.

mann – Riem H. ，2005）。下面部分选取英国气冷反应堆技术、美国轻水反应堆技术以及苏联石墨慢化沸水反应堆技术为研究案例，运用社会实验分析框架，分析核技术社会实验中冲突的消解与重构。

4.3　案例1：气冷反应堆技术

英国是20世纪中期的核电强国，在核电研发和建设方面曾处于世界领先位置，特别是在轻水反应堆和气冷反应堆核电站的研发设计、生产建造以及运营维护的全部能力，同时具备铀浓缩、燃料生产、新燃料及乏燃料运输、后处理、核设施退役及废物处理的完整的核燃料循环能力（江光，2004）。但到了20世纪七八十年代，由于北海油气田的发现、经济发展放缓等原因，英国核电发展停滞（王金鹏、沈海滨，2014）。这里主要探讨英国20世纪50～80年代，探讨核电引入初期，核电实验假设如何从"安全、廉价"到"不安全、不廉价"的转变，探讨核电冲突的重构与消解过程。

4.3.1　英国的核电技术选择

战后世界能源市场的一个重大变化是主要能源从煤炭转向石油，英国的能源消费格局也呈这个变化趋势。英国能源消费中煤炭所占的份额从1956年的84.9%下降到1960年的74.3%，而石油所占份额则从1956年的14.6%增加到1960年的24.7%，煤炭下降的份额几乎完全由石油所替代（石磊，2015）。在英国北海油田投产之前，英国没有国产的石油，国内所需石油需要从国外进口，石油的对外依存度极高。1956年英国、法国和以色列卷入了苏伊士运河危机，使英国石油进口成本急剧攀升，严重威胁了英国国家能源安全和电力供应。这些因素都增进了英国核电社会引入的合法性基础，凸显了核电作为英国补充和替代能源的潜在价值。

反应堆技术是核电技术系统的核心，技术发展路径的选择对核电产业规模、效益和安全性有直接影响。因为选择了发展气冷反应堆技术，使英国核电产业起步处于世界领先地位，同样是因为坚持技术路线不动摇，使英国核电产业逐步走向衰落。

英国的核工业采取的是与美国不同的发展路径。英国缺乏浓缩铀，因此只能选择天然铀作燃料，选择重水或石墨作慢化剂，而英国又没有重组的重水供应，因此只能选择价格比较便宜的石墨作慢化剂。冷却剂则采用容易获取的、对反应堆材料有较好适应性的二氧化碳。但是这种气冷堆核电站在经济性上有很多问题，综合考虑其在军事用途上的钚生产上的低成本，英国政府最初的核电引入在技术上选取的仍然是这种气冷核反应堆。一方面生产低成本的钚，另一方面为核能发电积累经验，为核电建设提供借鉴。1953 年，英国政府建造了一座两用的核电站——科尔德霍尔核电站。建造科尔德霍尔核电站的决议彻底改变了英国核能的发展方向，核能从军事主导向和平利用转变。从 1953 年起核能的民用和商业性质日益凸显，接下来英国政府成立了英国原子能管理局来负责英国的核事务。

自 1955 年起，英国先后进行了第一、第二和第三核电项目，三个核电项目建造了 41 台核电机组，包括 26 台镁诺克斯（Magnox）机组、14 台先进气冷堆（AGR）机组和 1 台压水堆（PWR）机组[1]，保障了英国的电力能源供应。第一和第二核电项目分别采用了镁诺克斯反应堆和改进型气冷堆两种单一的堆型，这两种反应堆属于气冷技术；第三核电项目采用了改进型气冷反应堆和压水反应堆两种堆型，压水反应堆属于水冷技术。

---

① 中国能源报. 英国核退役经验值得借鉴［EB/OL］. ［2015 - 01 - 28］. http：//www. chinae-quip. gov. cn/2015 - 01/28/c_ 133953084. htm.

4.3.2 观察

1956 年 8 月 27 日英国第一座基于气冷反应堆技术的科尔德霍尔核电站发电入网（王余鹏、沈海滨，2014），标志着英国核电站技术社会实验的正式开始。英国政府、反应堆供应商、核电站运营商、监管机构、煤炭发电企业、油气开发商、工业企业等电力消费者以及更广泛的公众都成为了核电社会实验的真实参与者，都对核电发展拭目以待，在社会中验证其真实的绩效。

1955～1964 年，英国第一核电项目所建造的九座核电站都是原子能管理局设计的镁诺克斯反应堆。镁诺克斯反应堆利用气体作制冷剂，使用多个大型鼓风机将二氧化碳导入反应堆的核心部位并将热量带出，然后在热交换器中与水或蒸汽发生热交换，铀燃料被密封在镁合金容器中，石墨作为减速剂与天然铀燃料配合使用。其优点是采用天然铀作核燃料，有利于没有分离铀同位素能力的国家发展核电，具有较高的热效率，并可以在反应堆运行时持续换料，但也存在着堆芯体积大、功率密度低、建设周期长、基础投资大等经济和技术问题（马栩泉，2014）。尽管这些核电站的成本高于预期，但已经达到了所有的技术预期。[①]

镁诺克斯反应堆系统证明了大规模建造核电站的可行性，接下来的工作就是要提高反应堆热效率和经济性，改进型气冷反应堆是英国第二代气冷式反应堆，同样利用二氧化碳作制冷剂，石墨作缓速剂，但使用浓缩铀燃料，燃料包壳的材料改为不锈钢，改善了蒸汽条件，达到了现代涡轮交流发电机的要求[②]。

4.3.3 意外事件发生

第一核电项目规划运行之初，其建设成本并不是太大的问题。然而随着核电项目的建设，其相对于传统燃煤电站的成本增加了，主要原因来自于三个"意外

---

①② The second nuclear power programme ［EB/OL］. ［2017 - 02 - 20］. http：//hansard. millbanksystems. com/lords/1964/jun/10/the - second - nuclear - power - programme - 2.

事件"的累积：第一，贷款利率的上升，增加了资本密集型核电站的建造成本。第二，加拿大、美国提高了对英国的浓缩铀供应，原有的军事上的"钚收益"假设不再成立。1955年《核电项目》白皮书估计"钚收益"为每千克几千英镑，到1963年"钚收益"下降为零。第三，安全性成本上升，第一核电项目所建核电站需要安装新的安全设备，这进一步增加了核电站的成本；相反，由于规模效应、热效率提高及选址于煤矿附近等因素，传统燃煤电站的成本在下降。

实验就意味着会产生风险，气冷核反应堆技术应用同样会产生。在英国核技术社会实验中发生的"意外事件"主要有1957年温斯凯尔反应堆事故（5级），1955～1979年塞拉菲尔德核电厂事件（3级），1973年温斯凯尔后处理装置事故（4级）等，其中温斯凯尔反应堆事故是核电技术引入中最为引人警醒的"意外事件"。

1957年10月10日，英国爆发了温斯凯尔核事故，事故的起因是温斯凯尔核电站的工作人员在加热石墨核时太过于迅速，石墨膨胀太快导致了温斯凯尔1号反应堆铀燃料的包壳被损坏，铀燃料被暴露在空气中，燃料过热并向空气中泄露了放射性物质，随后石墨堆发生了火灾，大火燃烧了三天并向周围环境释放了大量放射性物质，虽然当地消防员控制了火势，但火灾已经造成了严重的空气污染（Pocock R. F.，1977）。尽管发生了严重的核事故，但是当地居民反应很小，之所以出现这种现象，一方面是由于缺乏对于火灾细节的公开，另一方面是因为当时民众对核辐射的危害尚未完全认识。随后发生的牛奶禁令在牧民中间造成了严重恐慌。由于担心放射性碘－131在牛奶中富集，导致人类癌症威胁，温斯凯尔当局禁止超过500平方千米的牛场所产牛奶的销售和饮用，这波及到附近600多个农场，牛奶禁令造成了比火灾更加严重的恐慌。

表4－1为国际核事件分级表。

表 4 - 1　国际核事件分级表

级别	说明	准则	实例
7	特大事故	大型核装置（如动力堆堆芯）的大部分放射性物质向外释放，典型的应包括长寿命和短寿命的放射性裂变产物的混合物（数量上，等效放射性超过 10^{16} BqI - 131）。这种释放可能有急性健康影响；在大范围地区（可能涉及一个以上国家）有慢性健康影响；有长期的环境后果	1986 年苏联切尔诺贝利核电厂（现属乌克兰）事故
6	重大事故	放射性物质向外释放数量上，（等效放射性超过 10^{15} ~ 10^{16} BqI - 131），这种释放可能导致需要全面执行地方应急计划的防护措施，以限制严重的健康影响	1957 年苏联基斯迪姆后处理装置（现属俄罗斯）事故
5	具有厂外风险的事故	放射性物质向外释放（等效放射性超过 10^{14} ~ 10^{15} BqI - 131）。这种释放可能导致需要部分执行应急计划的防护措施，以降低健康影响的可能性。核装置严重损坏，这可能涉及动力堆的堆芯大部分严重操作，重大临界事故或者引起在核设施内大量放射性释放的重大火灾或爆炸事件	1957 年英国温斯凯尔反应堆事故 1979 年美国三里岛核电厂事故
4	没有明显厂外风险的事故	放射性向外释放，使受照射最多的厂外个人受到几毫希沃特量级剂量的照射。由于这种释放，除当地可能需要采取食品管制行动外，一般不需要厂外保护性行动。核装置明显损坏。这类事故可能包括造成重大厂内修复困难的核装置损坏。例如，动力堆的局部堆芯熔化和反应堆设施的可比拟的事件； 一个或多个工作人员受到很可能发生早期死亡的过量照射	1973 年英国温斯凯尔后处理装置事故 1980 年法国圣洛朗核电厂事故 1983 年阿根廷布宜诺斯艾利斯临界装置事故

续表

级别	说明	准 则	实 例
3	重大事件	放射性向外释放超过规定限值，使用权受照射最多的厂外人员受到十分之几毫希沃特量级剂量的照射。无须厂外保护性措施。导致工作人员受到足以产生急性健康影响剂量的厂内事件或导致污染扩散的事件。例如，几倍于 10^{15} Bq 的放射性进入二次包容结构或容器，而这些放射性还可以重新返回令人满意的贮存区域。安全系统再发生一点问题就会变成事故状态的事件，或者如果出现某些始发事件，安全系统已不能阻止事故发生的状况	1989 年西班牙范德略斯核电厂事件
2	事件	安全措施明显失效，但仍具有足够纵深防御，仍能处理进一步发生的问题。导致工作人员所受剂量超过规定年剂量限值的事件或导致在核设施设计未预计的区域内存在明显放射性，并要求纠正行动的事件	
1	异常	超出规定运行范围的异常情况，可能由于设备故障、人为差错或规程有问题引起（这类异常应与不超过运行限值和条件，并能根据适当规程进行处理状况区别开来，后者是典型的"低于 1 级的事件"）	
0	偏差	安全上无重要意义	

资料来源：高鹏飞，张英振. IAEA 国际核事件分级表（INES）简介 [J]. 辐射防护，1994（1）.

4.3.4 知识生产和利益协商

温斯凯尔核事故在国际核事件分级表中是五级，在 1986 年切尔诺贝利核事故（七级）之前是世界上最严重的核事故。据估计，温斯凯尔核事故大约导致了 240 例癌症（Mcgeoghegan D.，Whaley S. and Binks K.，2010）。温斯凯尔"意外事件"在英国引起了广泛的关注，针对该"意外事件"英国进行了两次核事故调查，并对在建和事故发生后建造的核电站进行了安全方面的改进，这使核电站总体安全性能得到改善，核电产业的总体安全状况受益于对此次"意外事件"的详细分析。

此次"意外事件"揭示了石墨气冷反应堆在技术基础上的不可靠。许多专家开始担心第一核电项目所建造核电站的寿命问题，以及"意外事件"的再次发生。但是随后的实验进程表明，第一核电项目建造的镁诺克斯核电站运行良好，而且部分核电站延长了服役年限。

温斯凯尔"意外事件"发生后，核电企业举办了一系列的公众聚会活动，对于核事故的细节进行了开诚布公的披露，对于其危害和预防措施进行了介绍，并承诺对牛奶禁令造成的损失进行赔偿，在经过这些努力后，民众的恐慌情绪逐渐平息。

到 1964 年，英国第一核电项目已经全部动工，大部分核电站已经发电入网。第一核电项目建设基本达到了预期。基于经济性原则，英国政府发布了《第二核电项目》白皮书，建议建造更大规模的核反应堆，以确保技术进步和规模经济。关于第二核电项目是采用改进型气冷反应堆还是沸水反应堆出现了较大争议。

改进型气冷反应堆是镁诺克斯反应堆系统的改进版本。事实上，两种反应堆的确采用了相类似的技术，都使用石墨作慢化剂、二氧化碳作冷却剂，但外在的名称掩盖了两种类型反应堆的差异程度，改进型气冷反应堆的主要改进是提高了反应堆的运行温度和热效率，使用陶瓷形式的高浓氧化物燃料，冷却剂温度超过 600℃，热效率可达到 42% 左右，这意味着有更多的热量转化为电力，同时有更少的热量排放到环境中[1]。

英国中央电力生产局从商业的角度考虑，更倾向于采用美国的技术，因为改进型反应堆还没有经过社会的稳定运行验证，并且气冷反应堆技术有严重的发展

---

① Nuclear power：Its development in the United Kingdom ［EB/OL］．［2017 – 03 – 20］．http：//www. world – nuclear. org/information – library/country – profiles/countries – t – z/united – kingdom. aspx.

瓶颈，不利于与世界主流反应堆技术接轨（Williams R.，1980）。中央电力生产局主席克里斯多夫表示，除非英国原子能管理局设计的反应堆有至少一年的运行经验，否则中央电力生产局不会订购任何新的英国设计的反应堆（石磊，2015）。然而原子能管理局则坚持使用本国技术，向政府大力推荐改进型气冷反应堆。1964 年底克里斯多夫卸任中央电力生产局主席，这似乎与减少中央电力生产局对改进型气冷反应堆的反对相巧合。接下来中央电力生产局对改进型气冷反应堆和沸水反应堆进行了评估。评估结果使中央电力生产局改变了先前的态度，认为改进型气冷反应堆有以下几方面的技术优势："更高的热效率、更高质量的过热蒸汽、运行中加料机制、气冷系统固有的安全性——即使鼓风机停止工作，对流能够充分带走来自反应堆芯裂变物质的热量。"①

这样，最终英国第二核电项目采用了原子能管理局设计的改进型气冷堆。1965 年 5 月，能源大臣弗雷德·李（Fred Lee）宣布接受中央电力生产局和英国原子能管理局的联合推荐，将在第二核电项目中采用改进型气冷反应堆（Williams R.，1980）。

但是改进型气冷反应堆也存在许多问题：首先，反应堆燃料的镁合金包壳在大约 640℃时就会融化，而对于替代材料的研究是耗时且成本高昂的；② 其次，改进型气冷反应堆石墨减速剂存在问题，二氧化碳会使石墨氧化，降低减速剂的强度且可能在冷却系统中沉积碳，这两个过程都将减少堆芯的寿命，高温辐射下石墨会有微小但明显的形状变化和差异应力，这会导致石墨破裂，因此是一个潜在的严重问题（Walker W. B.，1981）；最后，不同的改进型气冷反应堆核电站之间，甚至每座核电站的两座反应堆之间没有标准化设计可言，彼此之间都存在差异。随着第二核电项目的进行，这些问题将逐渐暴露，并对第二核电项目产生致命的影响。

---

①② Nuclear power：Its development in the United Kingdom ［EB/OL］. ［2017 - 03 - 20］. http：// www. world - nuclear. org/information - library/country - profiles/countries - t - z/united - kingdom. aspx.

4.3.5 策略调整

温斯凯尔"意外事件"发生在英国核电产业蓬勃发展时期,在一定程度上平息了英国蔓延的核狂热情绪,警示人们在发展先进技术时要保持冷静与清醒,先进技术的跃进往往会伴随不可预料的"意外事件"。第一核电项目的主要目标是电力供应,安全及环境因素并没有被着重考虑,核事故引发了人们对核电安全的关注,民众开始意识到核电存在的不足,反核主义情绪也开始抬头。反核主义者发起了对英国军事和民用核能项目的抵制活动,这既包括反对核试验,要求英国单方面核裁军为主要内容的反核和平运动,又包括以地球之友为代表的环保组织对英国核电产业的抵制。

温斯凯尔"意外事件"促使英国设立了核设施检查局,为民用设施提供独立的管理,其后下属于后来成立的健康与安全执行局(Health and Safety Execu-tive, HSE)。HSE 是英国核安全监管的最主要机构,依据《1974 年职业健康与安全法》成立,是一个相对独立的健康与安全行政执法机构,负责核安全许可证的发放和民用核设施的安全管理,其具体工作是由其下属核安全局(2011 年后为核监管局)负责(王余鹏、沈海滨,2014)。

1965 年秋季英国政府发布了《燃料政策白皮书》,在其中提议将第二核电项目的发电总量提高到 8000 兆瓦,1970~1975 年每年将会有一座新的改进型气冷反应堆服役,白皮书认为新的改进型气冷反应堆能够与燃煤电站相竞争(石磊,2015)。1967 年英国政府颁布的《燃料政策白皮书》认为第二核电项目所建造的改进型气冷反应堆核电站的发电成本将低于临近煤矿的燃煤电站,因此政府将延续 1965 年《燃料政策白皮书》的目标,即到 1975 年建造 8000 兆瓦的核电发电容量,1970~1975 年平均每年有一座核电站服役(石磊,2015)。与 1965 年白皮书不同,1967 年白皮书最显著的特点是完全不切实际的乐观。白皮书不是对能源资源的长期评估,而只是对未来几年能源需求和供给的预测,就核电而言,这些预测显然是不准确的。1967 年《燃料政策白皮书》原本有机会修正改进型气冷反应堆项目，但能源部仍假定项目会准时完工。由于财政投入削减及电力需求下降，第二核电项目中最后一座核电站决议直到 1970 年才通过。

4.3.6 实施干预

"意外事件"的发生，促进了英国核电技术安全系统的改进，以及安全管理措施的完善。英国和世界其他核国家开始注重核安全问题，更加谨慎地发展民用核电，也更加关注生态环境，此后世界范围内爆发了美国三里岛核事故和苏联切尔诺贝利核事故，这些严重的核事故使世界核电产业受到重创，减缓了英国和世界其他核国家发展核电的步伐。

但是在英国第二核电项目中改进型气冷反应堆暴露出大量的设计缺陷，同时伴随着建设工期拖延和成本超支等问题，而英国第二核电项目恰好全部采用了这种设计，因此第二核电项目自始至终充斥着各种问题。

第二核电项目后，中央电力生产局希望发展更多的民用核电，但却面对采用何种反应堆的问题。由于改进型气冷反应堆所出现的各种问题，中央电力生产局已经对其失去信心，此时可供选择的反应堆类型主要有快中子增殖反应堆、改进型气冷反应堆、美国设计的轻水反应堆、蒸汽重水反应堆和高温反应堆等，而美国设计的轻水反应堆在世界反应堆市场占据主导地位。可以说第二核电项目使英国逐渐失去了国际核市场。

4.3.7 小结

在第一核电项目、第二核电项目两次实验循环中，第一核电项目对核技术安全性的验证基本达到了预期，但是第二核电项目的技术选择结果却使英国核电工业逐渐陷入困顿，其核电工业领先地位逐渐被美国和法国等国家超越，英国核电工业处于重要的十字路口。

英国气冷反应堆技术的社会实验告诉我们，尽管通过社会实验的方式可以对技术安全性进行验证，积累核电站建设运行经验，改善安全管理实践。但是，社会实验中的技术决策并不一定是最为明智的，因为技术社会实验除了知识生产过程之外，还涉及利益相关者之间的协商，不同利益相关者有不同的价值主张，最终协商胜出的技术选择方案在技术上不一定是最优的。可见，社会实验在提高技术安全标准、减少安全性上不确定性的同时，也会由于社会网络的复杂性产生新的不确定性。

4.4 案例2：轻水反应堆技术

按照分析框架，同样可以将美国轻水反应堆核电技术的社会引入概念化为社会实验。将美国核电发展中的冲突概念化为实验预期假设与技术真实社会绩效的不一致。通过三里岛核泄漏事件，来透视社会中的核电冲突，了解核技术社会实验中的知识生产过程。

4.4.1 观察

20世纪50年代，美、苏、英、法等国在已有比较成熟的军用核技术基础上，开发和建造民用核反应堆，核反应堆技术的逐步成熟为核电大规模的社会引入打下了基础。由于美国开发的轻水堆核电具有较好的经济型，轻水堆技术的推广引发了全世界建设核电的第一个高潮，1967年全世界核电机组订货达到25.6GW（姜振飞，2015）。1979年三里岛事故的反应堆正是这种轻水堆。

核电商业化社会引入之后，便进入了实验观察阶段。技术社会实验中的参与人员都能够成为实验的观察者。在美国轻水堆技术社会引入案例中，观察人员包括反应堆研究设计人员、核电站设计建造以及运行相关的科研技术人员、核电安全监管人员以及被迫参与其中的普通社会公众等。1973 年暴发的世界第一次石油危机使各国开始重视能源安全问题，引发了全世界核电建设的第二个高潮，1973～1974 年全世界核电机组订货量达到了 66.9GW，而美国则通过出口轻水堆技术使轻水堆成为世界核电主导堆型（姜振飞，2015）。与此同时，核反应堆供应商、运营商以及政府机构都沉湎于核电建设发展带来的巨大经济利益之中，普通公众也热切期望享受到核电发展所带来的"廉价"能源。各方似乎都没有意识到，核电膨胀发展所可能引发的潜在巨大危害。

4.4.2 "意外事件"发生

1979 年，美国三里岛核泄漏事件给人们敲响了警钟。核电技术似乎并非像政府传媒宣传的那样是一种"安全"的技术，核能在给人们提供能源的同时，也引入了潜在的巨大不确定性。

1979 年 3 月 28 日凌晨 4 点左右，美国宾夕法尼亚州米德尔城附近的三里岛核电站 2 号机组发生一起严重事故。事故起因是电站设备的机械误操作，而随后一系列人为的错误使事故更加恶化。在 28 日 9 点左右，核容器发生爆炸，花了 6 个小时才重新得到控制，结果造成反应堆堆芯局部熔化和放射性物质的泄漏。这一事故的规模在核事故等级上达到了第五级。在随后的四天中，核电站管理人员、联邦和州政府管理人员以及广大公众对事故的发展和趋势都不清楚。十分清楚的是，这起"意外事件"导致了美国国内和国际对核电站安全性产生了强烈的怀疑（邢馥吏，1980）。随后导致了美国核电发展进入冰冻期，直到 2000 年才出现复苏现象。

尽管"意外事件"没有导致直接的人员伤亡，但还是造成了巨大的经济社会损失。"意外事件"疏散了方圆 15 英里 50000 个家庭的 144000 人口，导致受过高等教育以及家庭中有小孩的更倾向于移居别处，给个人和商业造成的损失短期约为 9 千万美元，到 1987 年造成利益相关者的损失约达 8 亿美元；反应堆的清洁持续了 14 年，成本约 10 亿美元（Coben B. L.，2005）。

4.4.3 知识生产和利益协商

"意外事件"的发生引起了利益相关者的高度关切，反应堆研究设计人员、核电运营商、联邦以及州政府、原子能委员会、有核国家、受影响公众以及普通公众都急切希望了解"意外事件"发生的真实原因。1979 年时任美国总统的吉米·卡特委派了专门的委员会对"意外事件"展开了调查。调查结论显示（邢馥吏，1980）：人为因素、制度缺陷和设备故障是此次"意外事件"发生的主要原因。

核电站操作人员并没有如人们所设想的那样完全按照操作规范，无误地进行核电设备操作。操作人员不能正确认识核电站的实际运行状态。装在稳压器上端由伺服电机控制的安全阀，当压力上升时按照预定要求打开了，但当压力下降时未能及时关闭，使一回路冷却系统形成开口，造成了小破裂失冷事故。反应堆控制室中有关安全阀的指示灯只能显示发出了使安全阀"关闭"的指示，而不能显示安全阀实际照旧开着的状态。操作人员根据指示灯的信号认为安全阀已经关闭，并没有注意到其他的提示，因此，没有发现安全阀故障，致使小破裂失冷事故持续了两个小时。然而在"意外事件"处理规程中，对于安全阀因为卡住而关不上的情况，没有指出必须关闭安全阀的闭锁阀，否则就不会出现事故的恶化。

在"意外事件"发生之前，核管理委员会做安全审查时，并没有充分注意到小破裂失冷事故的发生概率，而把大部分注意力集中在大破裂失冷事故上。核电管理人员和工程人员也没有及时确认反应堆堆芯处于失水状态，以及堆芯已经面临损坏风险这一事实。然而在"意外事件"处理上，也没有预计到事故期间会产生大量的氢。辅助厂房以及核燃料操作房的碘过滤器，由于"意外事件"

发生前的使用不当，也没有达到安全设计中所要求的效率。

"意外事件"导致了对反应堆安全系统设计理念、核电站安全管理制度、运行人员核电操作规范的重新考量，引发了对核安全风险的再认识。在核安全硬件系统设计方面，"意外事件"调查发现，三里岛核电站冷却泵发生了触点故障，装在稳压器上端由伺服电机控制的安全阀卡住不能回座；在安全准则设计方面，三里岛核电站稳压器安全阀开启压力定值偏低，造成该阀门频繁启闭而降低了可靠性，没有安全壳地坑水放射性监督和安全隔离自动启动信号系统，致使带放射性的水被打入汽轮机厂房，没有压力壳内氢气集聚控制符合系统等；在应急操作预案方面，操作人员无法根据现有的操作规程和仪表指示判断出稳压器泄压阀不能回座造成的小破口失水事故；在操作人员安全操作培训方面，操作人员安全意识也存在明显不足，造成无意识的遗忘、判断错误，甚至有意识地违反安全准则和操作规程现象（魏仁杰，1987）。

"意外事件"的发生给美国核电发展带来巨大影响，令核电的快速发展成为备受争议和批评的议题。围绕核电发展所构建的利益共同体也出现了分裂现象，一些原先积极支持核能发展的人士开始怀疑原先的支持是否正确；一些原先在支持和反对之间摇摆不定的公众开始转向完全的反对核能[①]。投资者对投资建设核电的意愿也大大降低。美国核管理委员会也紧急宣布暂停颁发新的核电站营造核运行许可证。

此次，"意外事件"成为了反核运动的最好例证。在汹涌的反核浪潮下，围绕核电冲突，各方就暂停建造核电站的意见达成了一致。此后，30多年时间里，美国再没有建过一座核电站（薛澜等，2000）。

---

① Bauer M. W. Atoms，bytes and genes：Public resistance and techno – scientific responses［M］. Routledge，2015：43 – 45.

4.4.4　策略调整与实施干预

对"意外事件"的分析发现，需要立即着手改变现有反应堆安全系统设计缺陷、完善核电站安全管理运行制度、加强对操作人员的培训工作。在反应堆安全系统设计方面，反应堆供应商着手改进现有的社会理念，纠正硬件系统缺陷和提高安全门槛；在安全制度完善方面，制订了更加完备的应急反应计划和保护措施，改组了现有的核安全管理委员会，新设立了核能反应堆安全监督委员会，负责不断地检查本机关和核能工业的工作进行情况，评价和解决有关核电站的建设和运行等重大安全问题，以及调查研究核电的总风险；在操作人员培训方面，成立了专门的培训机构，以培训运行人员和管理人员（电力工业部科学技术情报研究所，1980）。

在核电发展宏观政策层面，美国核管理委员会宣布暂停颁发新的核电站营造核运行许可证，加大对在运核电站的技术升级改造，提高核电站安全设计标准。此外，面对公众对核电发展知情权的要求，联邦和州政府也加大了信息披露力度。

"意外事件"发生后，围绕提高核电系统安全性的各项措施得到了有效落实，围绕"轻水反应堆"社会引入实验的一个小的实验治理循环得以结束。然而，新安全理念下设计建造的核反应堆是否经得起运行实践的检验，也只有在接下来的社会实验中才能予以验证。核反应堆技术的社会引入成为了一场持续的全面参与的社会实验。

"意外事件"的发生动摇了公众对核能的信心。公众对核能的持续关注迫使联邦和州政府在核电站的建造和运行上增加了很多严格的安全措施，这些要求大大增加了核电的建造和运行成本。在20世纪60年代建造一座核电站的时间为3~4年，公众不断增加的关注把新核电站的建造期延长了13~14年，大大增加了核能公司投资的附加成本。

4.5 案例3：石墨慢化沸水反应堆技术

与美国的轻水反应堆技术不同，苏联首批核电站运用的是石墨慢化沸水反应堆（简称RMBK），乌克兰切尔诺贝利核电站应用的正是这种反应堆堆型。同样也可以将苏联石墨慢化沸水反应堆技术的社会引入概念化为社会实验，在社会中验证该技术系统的正确性，不断改进和发展新技术。

4.5.1 实验观察与意外事件的发生

与美国轻水反应堆技术的社会引入类似，苏联石墨慢化沸水反应堆技术社会引入之后就进入了实验观察阶段。苏联核反应设计研发人员、国际同行、核电站设计建造商、运行管理人员、核电安全监管人员以及被迫参与其中的普通社会公众都成为了实验的观察者。

苏联主导的石墨堆是东欧地区核电站的主导堆型。随着实验进程的展开，核技术发展的社会实验中又出现了一起影响深远的"意外事件"。1986年4月26日早上，乌克兰切尔诺贝利核电站第四号反应堆反应炉失控，并发生堆芯融化，造成了严重泄漏及爆炸事故。"意外事件"导致31人当场死亡，上万人受到了放射性物质的远期影响而致命或重病，至今仍有被放射线影响而导致的畸形胎儿的出生，成为有史以来最严重的核安全事故。放射性物质的扩散没有国家界限，辐射尘埃随大气扩散至波兰、东德、捷克、匈牙利、奥地利、德国南部、瑞士、意大利北部以及英国的坎布里亚。乌克兰、白俄罗斯、俄罗斯受污染最为严重，由于风向的关系，据估计约有70%的放射性物质落在白俄罗斯的土地上。①

---

① Bauer M. W. Atoms, bytes and genes: Public resistance and techno – scientific responses ［M］. Routledge, 2015: 46.

"意外事件"引发了公众对于苏联的核电厂安全性的关注，导致了对石墨堆系统安全性的设计的重新审查。"意外事件"也间接导致了苏联的解体。苏联解体后独立出来的国家（包括俄罗斯、白俄罗斯及乌克兰等）每年仍然需要投入经费与人力致力于灾难的善后以及居民健康保健。因"意外事件"而直接或间接死亡的人数难以估算，且事故后的长期影响到目前为止仍是个未知数（顾少白，1987）。

4.5.2　知识生产和利益协商

"意外事件"引发了公众对于苏联的核电厂安全性的关注，导致了对石墨堆系统安全性的设计的重新审查。针对"意外事件"发生的原因，苏联官方的调查强调事故的原因是"人为的差错"。西方核专家则认为苏联的核反应设计存在缺陷。法国原子能局汤姆·马香博士认为，苏联过分简化的设计导致了苏联核反应堆的石墨减速器要在比西方反应堆的减速器更高的温度下操作，这增加了石墨过热的风险。另外，在反应堆的周围也没有渗漏防护措施，因此放射物质大量泄漏时，无法阻止其进入大气层（魏仁杰，1987）。

同样在核安全硬件系统设计方面，"意外事件"调查发现切尔诺贝利核电站的安全阀在回路压力超过定值时不能动作；在安全准则设计方面，切尔诺贝利核电站使用石墨作慢化剂和反射层材料，提高了核电站的经济性，但是，也正是因为核燃料加浓度低，导致在大参数范围内反应堆蒸汽泡反应系数为正，使反应性核堆运行不稳定，从而大大降低了核电站的固有安全性；在核电应急操作规范方面，切尔诺贝利实验大纲竟允许在无其他保护措施的情况下闭锁灵敏的局部功能调节系统，导致核电站的控制特性变坏，并在发生堆芯过热事故时堆芯得不到冷却。另外，切尔诺贝利核电事故中也存在人为违反安全操作准则和操作规程的问题（魏仁杰，1987）。

苏联在"意外事件"发生后，并没有及时地披露相关信息，起初还封锁消息。直到此次"意外事件"波及范围更加扩大，引致西方国家对苏联的一致抗议后，才逐渐开放了信息。

同年8月下旬，国际原子能机构对苏联的核事故召开了一次专题讨论会，62个国家的代表出席讨论了5天。面对苏联代表提交的事故报告，西方核专家并不认同，认为苏联提出的改进措施不足以防止反应堆在发生事故时的失控现象。然而，西方核专家提出的建议并未被苏联方面接受，讨论陷入僵局。但是，在随后的关于如何改进现有核电站的问题上，苏联态度发生了转变，决定逐步淘汰类似切尔诺贝利核电站那种反应堆，建造更多的西方型反应堆（顾少白，1987）。

1986年9月下旬，针对切尔诺贝利核事故，国际原子能机构又召开了一次特别大会，不同于以往国际会议上的针锋相对、相互指责，大会气氛平静，立场接近，迅速达成了决议。这是世界自有核电以来，东西方国家在会上从未有过的现象。苏联一改过去对事故讳莫如深的态度，开诚布公地回答了各方问题，详细地介绍了"意外事件"的全部经过、原因和后果。另外，西方国家对苏联核电事故也提供了善意的帮助，提出了切实有效的建议。

这次特别大会通过了两个国际公约：《及早通报核事故公约》以及《核事故或辐射紧急援助公约》。前者规定各缔约国的设施或活动在引起核事故时，应直接或通过国际原子能机构立即将事故通知实际受影响或可能受影响的国家核机构；后者规定，若缔约国发生核事故或辐射紧急情况时，可向其他任何缔约国、国际原子能机构及有关国际组织请求援助等。这样，"意外事件"本来是一件坏事，却因此成为一种好事，有希望成为世界核电协同治理发展的转折点。

4.5.3 策略调整与实施干预

"意外事件"的发生不仅使苏联认识到，原先石墨沸水反应堆设计存在严重的系统缺陷，随后逐步淘汰了这种反应堆类型，开发更加安全高效的反应堆类型，也在世界范围内对各有核国家核电发展战略产生了重大影响，成为核能工业发展的转折点。受"意外事件"影响，芬兰、意大利、奥地利、德国、丹麦等国对核电的反对率增加了20%之多。[①] 为保证核电厂的安全，世界各国采取了增加更多安全设施、更严格的审批制度等措施，以确保核电站的安全可靠。一些国家准备推迟或放弃新建核电站。从干预效果上看，各国逐步放弃了第二代核反应堆的设计建造，改为开发安全性高的第三代核电技术，世界核电建设几乎停滞，核电建设进入了减缓发展阶段。

本章小结

　　本章首先分析了核技术引入的认知风险、系统设计风险以及社会网络风险，随后将核技术的社会引入概念化为社会实验，将核技术发展中的冲突概念化为实验假设与其真实社会绩效的不符，即"意外事件"的发生，得以在社会实验框架下理解核技术引入的冲突议题。

　　三种核电技术系统的社会引入过程中都发生了"意外事件"，使人们开始重新评估过去的科学知识以及技术活动，认识到了先前知识系统的缺陷，达到了知识生产和社会学习的目的。在这里，"意外事件"成为了一种学习资源，围绕"意外事件"组成了一个多方行动者网络，包括科研人员、设备制造商、政府机构、消费者群体、投资商、运营商以及更广泛的普通社会公众。这一社会网络中行动者的互动一方面能够促进技术的社会应用，另一方面也对技术的社会发展引入了未知的网络风险。"意外事件"发生后，一旦多方行动者不能够就"意外事件"及时达成一致，就有可能危害到网络的稳定性，成为技术社会应用发展的

---

　　① Bauer M. W. Atoms, bytes and genes: Public resistance and techno – scientific responses ［M］. Routledge, 2015: 46.

障碍。

核技术社会实验使公众开始重新审视核"安全性"问题。各国政府纷纷提高了核安全标准，推迟了核电建设计划，大大增加了核电的建设成本。同时，也使"全球化"这一词家喻户晓，那些没有建造核电的国家和地区也有可能受到核辐射危害的影响。核电的建设就这样成为了一个全球议题。一些可能对公众产生不利影响的技术科学决策受到了挑战，公众地方性知识得以重新发现。

同时，尽管通过社会实验的方式可以对技术安全性进行验证，积累技术建设运行经验，改善安全管理实践。但是，社会实验中的技术决策并不一定是最为明智的。技术社会实验除了知识生产过程之外，还涉及利益相关者之间的协商，不同利益相关者有不同的价值主张，最终协商胜出的技术选择方案，在技术上不一定是最优的。可见，社会实验在提高技术安全标准，减少安全上的不确定性的同时，也会由于社会网络的复杂性产生新的不确定性。

此外，核技术社会实验还使科学家、政府机构认识到公众支持、公众舆论对于技术发展的重要性。政府机构加大了对公众理解科学的研究，"风险认知""风险感知""公众参与"等概念得到了迅速发展，成为应对大规模技术科学计划中公众冲突抵制的常用话语。

5　转基因技术社会实验

与核技术类似，转基因技术的引入同样具有潜在重大不确定性。不同的是，转基因技术在引入之初，公众就对转基因技术持怀疑态度，但是科学共同体最初并没有给予足够重视。1996 年欧洲转基因作物的引入，以及 1997 年"克隆羊多莉"的诞生，成为了转基因发展史上的分水岭，引起了全球性的广泛争议，其后转基因技术在冲突争议中曲折发展，世界范围内许多转基因研究和发展计划不得不做出调整或暂停。本章运用社会实验视角对转基因引入的社会风险进行分析，并将转基因技术发展中的冲突概念化为不同的实验假设之间的冲突，即关于转基因技术的真实社会绩效存在不同的认知。在社会中，对转基因技术真实的社会绩效进行考察，对不同的实验假设进行验证，从而达到消解和重构冲突的目的。

5.1　转基因技术引入的社会情境

1972 年，美国生物学家保罗·伯格（2011）领导的研究小组首次实现了不同生物体之间遗传材料的拼接，打开了建构或者说合成生物的大门。这一研究使跨物种间的分子设计成为可能，对医学、农业和环境的发展影响难以估量。然而，重大的技术突破也可能引入潜在的严重危害。

科学共同体方面，1975 年 2 月在阿西洛马会议上，科学共同体出于负责任的态度做出了暂停重组 DNA 分子研究的决定，认为应当及时制定重组 DNA 实验研究的指导方针或准则，暂缓或禁止在当时知识和预防措施可能会引发严重生物危害的重组 DNA 实验。16 个月后，美国国立卫生研究院正式颁布了《重组 DNA 分子研究准则》，美国科学界才重新开始重组 DNA 分子研究（李建军、唐冠男，2013）。

公众方面，在经历 20 世纪六七十年代的环境运动后，人们的风险意识逐渐增强。国际上对转基因技术的质疑最初只发生在小范围内，宗教组织认为转基因技术扮演了造物主的角色是对神的亵渎；自然主义者认为转基因技术产品是非自然的，打破了自然界原有的平衡；环保人士则认为转基因植物将破坏自然生态环境，造成严重的环境污染。

然而，随着转基因技术的快速发展，技术与产业的深度连接，转基因技术研究涉及越来越多的商业利益。加之科学家在"疯牛病事件"上的错误决策以及"Pusztai 事件"的广泛影响，严重腐蚀了公众对科学家以及政府的决策的信任。这些使公众在转基因技术社会引入之初，就对其安全性及其对生态环境的影响产生了质疑，但这并未引起科学共同体以及政府科技工作者的足够重视。

5.2 转基因技术引入的风险

转基因技术是采用分子生物技术把一种或多种生物的基因导入活细胞或生物体中，产生基因重组现象，使之表达并遗传，从而改变这些物种的生物组成，使其按照人类既定的目的有效地表达相应的基因特性，以出现原物种所不具有的性状。转基因技术所表现出的显著优势与潜在价值，使其得以快速发展，与之相随的转基因作物的商业化进程也迅速推进。根据 ISAAA 发布的统计数据，全球转基因作物的种植面积从 1996 年的 170 万公顷上升至 2015 年的 1.797 亿公顷，20 年时间增长了约百倍，转基因技术成为近代历史上为人们采纳最快的作物技术。① 转基因技术引入的社会风险主要集中在以下三大方面：人体健康安全、生态环境安全以及经济社会安全。②

在人体健康安全方面，转基因技术涉及的风险主要包括：与基因表达产物（非核酸物质）相关的健康影响；蛋白质可能的致敏性问题；转基因食品关键成分相关的安全问题；转基因食品中标记基因的生物安全性问题；转基因食品检验的"实质等同性"原则是否能够保障安全的问题；转基因生物在推向市场前没有经过长期的安全性评估，比如对动物一生或代际间测试的长效实验，由此人类长期食用转基因生物是否安全的问题。

在生态环境安全方面，转基因技术涉及的风险主要包括：转基因生物可能会通过与野生植物杂交，使其中的靶标基因进入到野生植物中，使超级植物诞生，从而导致自然生态系统或农业生态系统的失衡；转基因生物不仅会对目标生物起作用，还有可能会对非目标生物产生直接毒性作用，或通过食物链和食物网对非目标生物产生间接影响，从而对整个周边环境产生影响，这种影响往往很难预料，一旦发生也很难解决；转基因生物可能使生物群落结构和功能发生变化，导致均匀性和生物多样性降低，影响正常的生态循环系统；人为导致的基因扩散等。

在经济社会安全方面，转基因技术涉及的风险主要包括：转基因生物的商业

① ISAAA. 过去 20 年全球转基因作物种植面积扩大约百倍 [J]. 粮食与饲料工业，2016，349（5）：5.

② 李真真. 伦理在转基因发展过程中的角色与作用 [R]. 北京生命科学论坛——转基因与社会学术研讨会，2012.

化所带来的食品安全和环境安全问题无限地加大了社会安全的管理成本；基因专利将原来的公共产品转变为了私人产品，转基因生物专利持有者能够享有较长时间的垄断优势，由此导致的公正和利益分配问题；转基因技术所具有的垄断性会导致社会资源的分配越来越多地被转基因技术开发者所占有，从而使一些更为重要的农业技术开发以及有竞争力的农作物因没有必要的或足够的资源支持而失去发展的机会。然而这种由技术所导致的发展路径的单一性必将使人类社会不得不面临更加严峻的安全风险。

转基因风险已不再是一个单纯的技术问题。在很大程度上，它还演变成了一个经济利益问题、政治问题、社会问题和信仰问题。从这几方面讲，转基因技术的社会引入等同于一场持续的社会技术实验，在社会这一复杂系统中，验证转基因技术真实的社会绩效。虽然转基因技术在过去20年中获得了飞速发展，但是作为一个充满风险的研究领域，人们对其大规模的应用也产生了明显的不安，从而引发了全球范围的争议和空前的论辩，冲突的核心是转基因技术的安全性、生态环境影响、成果收益的公正分配等议题①。尽管部分议题目前尚未取得共识，但冲突引起了社会各界的广泛参与和深入探讨，使人们对转基因技术产生了深刻的理解，一些隐含的转基因技术属性和风险特征也得以发现，相应的政策制度也得到了进一步完善。下面将运用社会实验框架，以转基因 Bt 玉米技术、转基因杂草控制技术以及终结者技术为分析案例，考察转基因技术冲突的社会消解与重构。

5.3 案例1：转基因 Bt 玉米技术

星联玉米（Starlink Corn）是美国 Aventis 公司研发的一个转基因玉米系列，

---

① 李真真等．生物伦理前沿问题调研报告［R］．2007 – 7.

属于 Bt 抗害虫类。转基因 Bt 玉米中插入了可以产生 Bt 蛋白的基因，Bt 蛋白一般对人无毒，会在胃酸中降解，而对害虫（玉米螟、棉铃虫等）则有毒性。但是有的杀虫蛋白（如 Cry9C）具有耐热性且不易消化，因而可能成为食物过敏源，使人产生皮疹、腹泻等症状，星联玉米中就含有 Cry9C 杀虫蛋白。

1998 年，美国 EPA 批准星联玉米可作为动物饲料商业化。由于对星联玉米的致敏性没有定论，EPA 仅批准了这种转基因 Bt 玉米用作动物饲料或工业生产，而不允许其用于食品制造，并要求 Aventis 公司对其产品做出明确的标示，指导种植者采取隔离措施，并防止其进入食品供应渠道。同时规定，星联玉米的播种量最大不能超过每英亩 4 万粒，种植星联玉米的农田 660 英寸范围内的作物只能被用作国内的非食品工业的原料和动物饲料（Taylor M. R. and Tick J. S.，2001）。

转基因 Bt 玉米的社会实验就这样正式展开，然而社会中公司企业是否会严格遵循监管规定，农民是否会严格遵循种植指南，监管机构能否对其进行有效的监管，转基因 Bt 玉米对人体健康的真实影响如何，这一切只有在社会实验中进行验证。

5.3.1 实验观察与意外事件的发生

星联玉米被商业化批准后，围绕其生产、种植、运输、监管、使用形成了一个行动者网络。相关行动者都成为了转基因 Bt 玉米社会实验的观察者。可能没有人意识到这种实验的发生，但是每个人都履行其角色职责，共同推动实验的开展。

星联玉米具有良好的抗虫及抗除草剂性能，在被批准种植的第一年里，星联玉米在美国的种植面积就达到了 1 万英亩。1999 年增加到了 25 万英亩，2000 年更是增加到了 35 万英亩。[①]

---

① Third world network report on StarLink［R/OL］.［2017 - 02 - 20］. http：//iatp. org/files/Third_ World_ Network_ Report_ on_ StarLink. htm.

2000 年 8 月，美国非政府组织 Genetically Engineered Food Alert 向独立的科研机构 Genetic ID 提交了 7 箱购自华盛顿卡夫食品公司生产的玉米卷，委托其进行检测。次月 Genetic ID 的检测结果表明，所进行的三次检测中，样品都含有 1% 的星联玉米成分。几天后卡夫食品公司也报道了相同的检测结果。9 月 18 日，Genetically Engineered Food Alert 组织发表声明，称美国历史上首次出现了未被批准的转基因产品混入食品供应的事件。正式确认发生了相关行动者预期之外的"意外事件"（Taylor M. R. and Tick J. S.，2001）。

5.3.2 知识生产和利益协商

以玉米为原材料的产业范围很广，因而混杂的星联玉米引发了各界的高度关注，最突出的反应集中在健康问题和出口贸易上。

含有星联玉米成分的食品召回后，有 51 人向 FDA 报告有副作用；这些报告由美国疾控中心进行综合评估，其中 28 人被确认可能与星联玉米有关。疾控中心对这 28 人的血液进行了研究，得出结论：没有证据表明这些人所经历的反应跟星联玉米 Bt 蛋白的过敏相关。[①]

尽管如此，这一"意外事件"还是引发了关于转基因 Bt 玉米安全性问题的激烈冲突。从 2001 年开始，美国对所有玉米品种进行星联成分的检测。自 2004 年至今，无一例阳性报告，星联玉米彻底消失了。一份综述性评估报告写道："这件事证明了即便一种转基因成分在环境中广泛散布，仍然完全有可能使用人工手段将其彻底剔除。"（刘美，2010）

"意外事件"的发生，使围绕星联玉米所构建的社会网络直接崩溃，由此引发了相关玉米制品的大规模回收行为。2001 年 9 月 22 日，卡夫食品公司宣布，将回收 300 万份由其生产的玉米卷。9 月 29 日 Aventis 公司发布声明，称其将与

---

① StarLink corn recall ［EB/OL］. ［2017 – 02 – 10］. https：//en. wikipedia. org/wiki/StarLink_ corn_ recall.

USDA 等机构合作，完全收购当年种植的星联玉米，以防止更多的星联玉米进入食品供应渠道。10 月 FDA 发布了二级正式回收令，从各类商店中回收 300 余种玉米产品。10 月 13 日，美国最大的玉米加工商开始回收其所有产品。

玉米种植者也对 Aventis 公司提起了诉讼，认为其没有向种植者说明 EPA 批准书中的限制性条款，也没有采取措施防止星联玉米进入食品供应。在要求获得赔偿之外，该诉讼还要求法院强制公司净化所有的土壤、农具、贮存设备和运输设备等。2001 年 1 月 23 日，Aventis 公司同意对 17 个州的农民进行赔偿。

星联玉米对美国玉米的出口造成了严重影响，出口日本、韩国的用于食品加工的玉米都检测出了星联玉米成分。日本、韩国随即进一步提高了检测强度，召回了混有星联玉米成分的美国玉米，严格禁止未经批准的农产品进口。10 月 6 日，在 USDA 的干涉下，美国玉米出口暂时性中止。10 月 12 日，在 EPA 的极力主张下，Aventis 公司宣布自愿中止星联玉米的注册。

此次，"意外事件"直接导致了星联玉米社会引入的失败①，围绕其构建的社会网络也随之崩溃。

5.3.3 策略调整与实施干预

"意外事件"发生后，美国的转基因作物的种植遭到重创，这使美国政府必须采取更加谨慎的态度。星联玉米社会引入前通过了美国 USDA、EPA 和 FDA 三家机构的审批。依据《植物保护法》，USDA 需评估新的转基因作物品种是否对已有品种构成威胁，并由此决定是否批准其商业化。在新的品种具有抗虫性的情形下，EPA 将依据《联邦杀虫剂、除菌剂和灭鼠剂法案》评估其是否会对环境产生不利影响，进而决定是否允许其注册；此外，EPA 还要在《联邦食品、药品和化妆品法案》框架下，评估新产品的食用安全性。同样在该框架下，FDA 负

---

① Taylor M., Tick J. The StarLink case：Issues for the future ［J］. Discussion Papers, 2001.

责审查新品种的申请者所提交的安全性检测报告，并就可能产生的安全性问题对其进行质询。

这种源于 1986 年《生物技术管理协调框架》的管理模式认为，经过生物技术改造的作物品种与传统品种没有本质的区别，因而在现有法律框架下能够得到有效的监管。然而实际上，星联玉米的管理模式不同于传统化学品的监管，面临着许多新问题。在已有的规定中，管理部门可以要求生产商明确标识出产品的安全剂量、食用方式等确切信息，种植者严格按照操作规程可以确保安全性。但是在星联玉米案例中，在其社会引入之前，相关数据是缺乏的，其安全性难以进行定量控制。即使出现了潜在的影响，种植者也往往不清楚。

面对这种情形，为规范环境影响和食品安全，2001 年 FDA 颁布了《转基因食品自愿标识指导性文件》和《转基因食品上市前通告的提议》，而 EPA 则颁布了《植物内置式农药（PIP）管理》，补充了现有的管理策略，标志着这一关于转基因 Bt 玉米的实验就完成了一个循环。这一实验一方面对转基因 Bt 玉米的安全性进行了检验，另一方面对美国转基因技术管理也是一种检验。实验中"意外事件"引起了各方的高度重视，促使监管机构对其安全性进行长期的监测，在社会中收集相关监测数据，为其安全性的验证提供了数据支撑。此外，实验也发现了现有监管措施的不足，促进了美国转基因监管措施的完善，促进了转基因技术产品的负责任引入。

5.4 案例 2：转基因抗除草剂技术

转基因抗除草剂作物，是第一批应用基因工程的植物，其目的是制造无选择的除草剂，控制农田中的杂草。这样的除草剂正常来说是不可行的，因为它们不但可能杀死杂草，而且也能够杀死植物。当一个耐除草剂基因被转移到植物基因中之后，这一障碍得到了克服。

抗除草剂基因（bar 基因、aroA 基因、bxn 基因、csrl 基因等）作为分子生物学家最常用的研究材料，起初并不是因为农业上的迫切需要，而是因为这一基因相对来说更容易获取，并且成功转入以后也很容易检测到。其初衷更多的是作为植物生物学的研究工具，被用于研究所转移的基因在植物中的表达及其稳定性，而不是解决农田除草问题。随着科研投入的不断加大，转基因商业化创新的压力也随之增大，转基因抗除草剂的土豆、棉花、大豆、油菜等逐渐被培育了出来。

支持者和反对者都是从不同的道德视角下来看待转基因抗除草剂作物可能带来的社会自然秩序问题（Levidow L. and Carr S., 2007）。支持者认为，转基因抗除草剂作物能够扭转农业经济的低效率问题；并且将其他一切非预期行为后果作为常规的安全产品的管理问题来处理。然而反对者则更加强调其不可控风险，例如，"超级杂草"、农田生物多样性影响问题、转基因和非转基因作物混合的问题等。这样两种不同的实验假设就形成了对立。支持者和反对者支持不同的"社会技术想象"。到底哪种"社会技术想象"是对未来的真实预见，这一切只有在真实的社会实验中才能得到验证。

5.4.1 观察

在转基因作物的所有性状中，抗除草剂性状一直占主导地位。从 1983 年第一例抗除草剂转基因烟草问世以来，到目前已有近 300 种植物通过转基因技术先后培育出抗除草剂品种。涉及的除草剂种类主要有草甘膦（glyphosate）、草铵膦（glufosinate）、咪唑啉酮（imidazoline）、莠去津（atrazine）、溴苯腈（bromoxynil）和磺酰脲类（sulfonylurea）等近 10 个类别（强胜、宋小玲、戴伟民，2010）。1996 年美国孟山都公司的转基因抗草甘膦大豆在阿根廷被批准投入商业化生产，短短几年时间就占据并一直保持着转基因作物的最大份额。自此，转基因抗除草剂作物的社会实验正式开始。

这里的实验观察人员包括转基因技术研发的分子生物学家、种子公司、政府监管部门、农民、消费者、环保主义者以及更广泛意义上的公众。分子生物学家观察实验中抗除草剂性状表达的稳定性；种子公司观察转基因作物的推广种植情况；农民则更加关注转基因作物农田的投入产出情况；消费者则更加关注转基因作物食品食用的安全性问题；环保主义者更加关注"基因污染"、农田杂草群落的演替，以及由此而不得不增加农药的使用，进而加重环境的污染等生态风险问题。

5.4.2 意外事件发生

转基因抗除草剂作物的大规模社会引入彻底改变了传统农业的面貌。以前的作物轮作方式被单一物种取代，长期施用单一除草剂以及杂草管理方式的改变等因素改变了农田杂草种群的选择压力，造成杂草抗性的产生并加速了农田杂草类群的更替。随着转基因抗除草剂作物的社会引入，在技术的社会验证过程之中，"意外事件"如期而至。

1996 年，澳大利亚就发现了第一个自然界进化出的草甘膦抗性的杂草硬直黑麦草，随后又陆续发现了多种抗草甘膦的杂草。截止到 2010 年，全世界统计发现了 18 种抗草甘膦的杂草，仅在美国就独立进化出来 10 种抗草甘膦的杂草。然而，这些产生抗性的杂草并不一定是在转基因农田产生的，基因漂移假说并不能解释这些杂草的抗性来源，因为在美国的农田里，并不存在大豆、玉米或棉花的野生近缘杂草类群，生殖隔离阻断了基因漂移。因为草甘膦抗性是一种耐受机制，长期施用草甘膦，这种巨大的选择压加速了杂草种群的进化，因此产生了抗性。①

---

① 落痕无声. 孟山都帝国的崛起，伴随的是除草剂的一次革命［EB/OL］.［2017 – 01 – 10］. http://daily.zhihu.com/story/4228547.

1998 年，加拿大亚伯达省的转基因油菜田中发现了同时含有抗草甘膦、抗草铵膦和抗咪唑啉酮类 3 种除草剂的油菜自生苗，其中，抗草甘膦和抗草铵膦的特性明确来自转基因油菜。1999 年在加拿大萨斯喀彻温省的种植抗除草剂转基因油菜地相邻的小麦地也发现了抗除草剂转基因油菜自生苗。Orson 于 2002 年报道了加拿大出现抗三种除草剂的油菜自生苗，认为是作物间基因流动的结果，并再次提出要当心"超级杂草"（强胜、宋小铃、戴伟民，2010）。

"超级杂草"的发现似乎给转基因作物反对者提供了例证，支持了其假设。有关转基因作物引入可能带来的生态环境影响、对生物多样性的破坏等问题一时成为支持者与反对者之间争论的焦点。

5.4.3　知识生产和利益协商

偶然出现的零星"意外事件"到底能不能支持反对者的假设，科学共同体的态度是：我们需要更多的试验研究，更多的数据支撑。为此，英国政府自 1998 年开始资助了一个四年期的大规模农田试验（Farm – Scale Evaluations，FSEs），政府顾问、自然保护组织、种植农民、种子公司等全都参与其中（Millo Y. and Lezaun J.，2006）。试验目的是检验除草剂对农田生物多样性的影响，将转基因抗除草剂作物与传统农田作物相比较，　方面对转基因作物的生物环境影响进行验证，另一方面为政府决策提供科学依据。

在试验设计阶段，争议的焦点是如何选择恰当的参照作物。这些冲突通过试验设计人员得到化解："为了能够全面表征对潜在生物多样性影响的范围，研究计划范围需要能够全方位覆盖常规实践"。自然保护组织建议：设计应当包括一些常规的田地，在这些田地中农民喷洒较少的除草剂，这样就与喷洒广谱除草剂的农田形成了更加直接的对比。这一建议得到了采纳。经设计讨论，转基因玉米、油菜和甜菜成为实验作物（Millo Y. and Lezaun J.，2006）。

FSEs 结果显示，转基因作物与非转基因作物具有较大的环境差异性。所选三种作物中的油菜和甜菜两种，与喷洒常规药剂的农田对比，喷洒广谱除草剂转基因地块对农田生态环境造成了更大的影响。例如，转基因作物农田具有较少的杂草种子和昆虫，而这些都是鸟类的食物来源。在第三种作物转基因玉米地块，发现对农田生态系统的影响很小。

然而，不同的群体对试验结果有着不同的理解。支持者认为任何对生态系统的破坏都是由于杂草管理措施造成的，可以通过灵活的调整使之无害。反对者则声称转基因作物是事实上的"绿色混凝土"（Green Concrete），对野生物种产生了严重威胁。针对转基因玉米地块试验结果，非政府组织批评对比是无效的，质疑试验设计是否是现实的商业化实践模式，是否能真实地模拟农民基于成本效率的杂草控制模式。

最终，英国咨询委员会接受了试验针对这些作物是有效的结论。政府咨询委员会认为，如果"农民按照试验中来种植和管理转基因玉米"，那么转基因玉米的种植将不会造成负面影响，支持转基因玉米的商业化。对于耐除草剂的油菜，咨询委员会不支持其商业化，除非公司能够提交相关证据，来保证草铵膦喷洒的最小伤害水平（Firbank L. G., Heard M. S., Woiwod I. P., et al., 2003）。

5.4.4 策略调整

（1）改变杂草管理方式。面对杂草抗性问题，首先想到的自然就是设法延缓杂草抗性的进化：一是降低已经存在的抗性基因在杂草群体中的频率，慢慢将抗性基因淘汰；二是降低杂草的选择压，减缓新的抗性基因产生。

在策略上，第一是构建庇护所。但是抗除草剂和抗虫的庇护所策略还是有区别的，草是死的，虫是活的。就算在转基因田旁边种上非转基因作物，两边杂草受到的选择压是一样的。第二是混合池策略，将两种或多种除草剂混合使用，携带有草甘膦抗性的杂草不能抵挡其他除草剂的杀害，这样就能平衡抗性基因在群体中的选择压，降低抗性基因在目标杂草中的频率。这个方法一般适用具备两种或两种以上抗性的作物，成本比较低，更受生物技术公司的青睐。第三是作物轮作，通过除草剂的更换，改变了杂草生态系统，可以诱发杂草群体的竞争，能够大大降低抗性基因的频率。一般情况下，对一种除草剂有抗性的杂草会对其他除草剂产生超敏显性，在竞争中处于劣势。

但是，在美国这些管理策略并不是强制执行，结果是很多农民因为担心增加成本而不愿意执行。而且大部分化工企业，过度依赖某几种有转基因作物的除草剂，也不愿意开发新的除草剂。然而生物技术公司也是将不同的抗性基因聚合在一起，用于抵抗多种除草剂。这样的后果就是产生了具有多种抗性的杂草，有报道称在美国伊利诺伊州和密苏里州发现了抗三种除草剂的水麻。如果不加以控制，抗性杂草很快会蔓延开来，到时候就需要花更大的成本来解决杂草管理问题。①

（2）扩大监管范围。对于农业生物技术的管制，1990 年欧盟法律规定，在转基因产品商业化之前，要管理和说明其不确定性风险。就转基因作物的环境风险问题而言，审慎释放指令 90/220 通过基于案例的正式风险评估系统来实现强制管理。每一个成员国都必须避免转基因作物造成"环境和人类健康的负面影响"②。

大规模的公众抗议导致了风险评估范围的扩大。在 1999 年 6 月欧盟环境委员会上，许多成员国表示将不会进一步考虑商业化授权问题。欧盟修订了《审慎释放指针》，将转基因作物长期的和非直接影响纳入评估范围，其中就涉及广谱除草剂问题。

最初，欧洲农业生物技术管理遵循的是循序渐进原则（The Step – by – step

---

① 落痕无声. 孟山都帝国的崛起，伴随的是除草剂的一次革命［EB/OL］.［2017 – 01 – 10］. ht-tp：//daily. zhihu. com/story/4228547.

② Council Directive 90/220/EEC of 23 April 1990 on the deliberate release into the environment of genetically modified organisms［EB/OL］. http：//www. ilo. org/dyn/cisdoc2/cismain. details？p_ lang = es&p_ doc_ id = 60498.

Principle）。根据国际准则，通过逐步减少物理控制，转基因作物应当是可预测的，释放应当遵循"有逻辑，渐进的，增进的，安全性和绩效数据也应得到收集"。根据《审慎释放指令》（Deliberate Release Directive），释放的规模需要逐渐增加，"但是，只有先前阶段的评估得到通过，才能进入下一阶段"（Recombinant D.，1986）。"只有当数据积累到足够多时，我们才能将技术认为是熟悉的。"（Tait J. and Levidow L.，1992）

然而，为了说明新的农业环境问题，《审慎释放指令》对转基因技术的应用还是采取了一些特殊的措施。例如，增加了基于案例的检测"检测要求确认，任何关于转基因潜在负面影响的风险评估都是正确的"（Tait J. and Levidow L.，1992）。因此，将循序渐进原则拓展到了社会引入阶段。

也就是说，关于转基因作物的"假设"必须通过商业化使用阶段的监管才能得到确认，这一点进入了欧盟转基因管理程序之中。但是 DG 贸易组织、农业生物技术企业以及其他转基因支持群体的游说，成功地使一些转基因产品被排除在外。

5.4.5 实施干预

"意外事件"的出现给了转基因技术反对者更多的理由来支撑其假设。面对深刻而广泛的争议冲突，无论美国还是欧盟都对其转基因市场化监管政策进行了改进。

1986 年白宫科技政策办公室颁布了《生物技术管理协调框架》。1992 年，美国 FDA 颁布了《源于转基因植物的食品管理政策》、EPA 于 1994 年颁布了《转基因植物产生农药的管理》。2001 年，为规范环境影响和食品安全，FDA 颁布了《转基因食品自愿标识指导性文件》和《转基因食品上市前通告的提议》，EPA 颁布《植物内置式农药（PIP）管理》。2002～2003 年又对转基因药用植物、动物进行了规范。2011 年确定了《新兴技术备忘录监管和监督原则》。2017 年对

《生物技术管理协调框架》进行了再次更新。①

与美国相比，欧盟对转基因产品的监管主要是通过新的立法进行，并形成了一套独立的法规体系。欧盟最初采用的法规主要为1990年生效的90/220/EC指令，确定了转基因生物体在环境释放前的审批程序；另一部法规是1997年生效的258/1997号指令，强调了转基因食品的安全问题，要求生产者必须对转基因食品和有转基因成分的食品进行标识。2001年3月，欧盟又出台了《关于准备向环境中释放转基因生物和废止90/220/EC指令的指令》，这一指令肯定了预防性原则的重要性，强化了对转基因产品的风险监控，并强调了对公众意见的重视（边永民，2007）。2003年，欧盟通过了新的转基因产品监管法规——《有关转基因食品和饲料的条例》和《有关转基因生物可追踪性和标识、有关转基因生物制成品的可追踪性和标识条例》。新法令进一步强化了标识制度和可追踪性进行监管的能力，建立了更完善和更为集中的审批程序。

这样随着监管范围的不断扩大，监管标准的不断提升，转基因作物的社会引入已然成为了一种事实上的社会实验，正在向"受控"社会实验的方向发展。

5.5 案例3：终结者技术

从社会实验视角出发，当我们把转基因技术社会引入概念化为社会实验时，就自然地引入了实验的伦理可接受性问题。在各利益相关主体就具体的实验假设、过程、监测、评估等环节讨论之前，一个重要环节是讨论实验的意义及可接

---

① EPA, FDA, and USDA release the final version of a 2017 update to the coordinated framework for the regulation of biotechnology［EB/OL］. https：//obamawhitehouse. archives. gov/blog/2017/01/04/increasing – transparency – coordination – and – predictability – biotechnology – regulatory.

受性问题。从这一视角出发，可以将终结者技术社会引入之前的争议冲突概念化为对其社会可接受性问题的考察，是社会实验对其自身的伦理审查。

5.5.1　技术的研发背景

国外市场上销售的转基因玉米种子一般都属于杂交育种，只能种植一年，农民每年在播种之前都需要购买新的种子。对于种子公司而言，这属于一种种子技术的保护行为，无疑会增加公司垄断利润。然而小麦、大豆、棉花等出售的并非是杂交种子。种子公司出于技术保护的考虑，通常会与种植者签订协议，不允许农民留种，但是农民留种的行为仍然时有发生。

遗传利用限制技术（Genetic Use Restriction Technologies，GURTs）也就是广为人知的"终结者技术"，是指经遗传修饰以在收获时产生无菌种子的技术。应用该技术的作物不会产生可发育的种子，或产生使表达某种性状的基因失效的种子。其商业化应用，将阻止农民的留种行为，迫使农民每年都需要购买新的作物种子①。

1998 年 3 月美国专利商标局批准了一项由美国农业部和跨国种子公司联合开发的遗传利用限制技术。美国农业部发言人称，这一技术是为了保护基因工程技术的知识产权。然而国际农业促进基金会（RAFI）则将其称之为"终结者技术"（钱迎倩、马克平、桑卫国等，1999）。

5.5.2　实验的社会可接受性

终结者技术，作为一种可能对农民权益、生态环境等造成严重影响的技术，一经获批就在国际范围内引起了强烈的反应。各国政府、产业界、科学界、国际组织、民间社会组织等就是否应该引入终结者技术展开了激烈的交锋，构成了对

---

① Terminator Threat Looms：Intergovernmental meeting to tackle suicide seeds issue ［EB/OL］. http：//www. etcgroup. org/fr/node/36.

终结者技术社会实验可接受性的审查。

GURTs 技术被认为能够引领第二代转基因作物，第一代转基因主要聚焦在有害生物控制上。通过控制种子的发芽和发育，或通过控制基因在特定化学品下的遗传表达，GURTs 能够控制遗传特征的表达。该技术主要有三个应用：①应用这种技术后，种子不会发芽，这样农民就需要每年都买新的种子。这一方面创造出了种子市场，另一方面也增加了农民消费者的忠诚度。②GURTs 能够控制种子发芽的时间来增加产量，从而使农民收获达到最大。③GURTs 能够控制基因流动，因此能够避免种植者的责任和法律风险。

关于 GURTs 的实验应用的社会影响，不同利益主体的判断有所不同。这种竞争性的不可调和的实验假设，对技术社会引入的决策产生了重要影响。终结者技术的支持者认为，基因技术公司在种子技术研发方面投入巨资，有权力为了防止农民的留种行为而采用这种技术措施来保护自己。只有育种者的权益得到了充分的保护，才能更大地激发种子技术创新，农民也能从优良的品种中获益。因此，终结者技术是可接受的。但是，更多的人对此持反对意见。在 1998 年 10 月举行的国际农业研究磋商小组会上，巴拿马、印度、加纳、乌干达、英国等国代表都明确表示反对"终结者技术"的使用，认为其后果十分严重：严重威胁全球粮食的安全保障；对遗传多样性有负面影响，同时会引起新的生物安全问题；影响农民的育种和留种权利，损害农民利益，因此应该禁止该技术。RAFI 于 1998 年 11 月要求美国政府禁止使用终结者基因技术，并向美国农业部表达了 3 点要求：停止向孟山都公司发放终结者技术的营业执照；放弃这项专利技术在其他 87 个国家的推广应用；其他国家禁止使用时，美国政府不要干预（钱迎倩等，1999；钱迎倩，1999）。

国际农业促进基金会和一些非政府组织纷纷动员公众反对该技术，指责该技术将让大量农民不能存储种子，而且可能导致邻近其他作物的不育。通过 RAFI 的网站迅速征集了 62 个国家超过 4000 多人的签名，向美国农业部表达对这一技术的抗议。

1998 年 10 月，世界最大的非营利性农业研究组织——国际农业咨询研究组织在华盛顿召开会议，宣称绝不会在他们的作物上使用这项技术，其理由包括五点：农民留种的重要性，特别是对于贫困地区的农民；终结者技术可能对遗传多样性造成不良影响；为发展可持续农业而育种的重要性；由于外观上难以区分，可能出售或交换不能发芽的种子，播种后对生产造成不可弥补的损失；通过花粉非故意传播造成生物安全的风险（钱迎倩等，1999）。

尽管孟山都公司对该技术做了大量的公众宣传，但是反对的声音仍然此起彼伏。在此背景下，联合国生物多样性公约的科学顾问提出了一项既能够保护知识产权又相对缓和的技术，即"特殊性状的遗传利用限制技术"。这类种子经过改良后，表现出耐盐耐旱等优良性状，与终结者技术根本不同的是种子本身还是活的。1999 年 6 月，在加拿大蒙特利尔召开的生物多样性公约有关会议上，欧盟、拉丁美洲和东南亚等国家代表表达了对该技术持谨慎欢迎的态度，而非洲科学家则大力劝阻公约的科学顾问，在确认该技术不会对人体健康和环境带来伤害之前，不要认同该技术。洛克菲勒基金会敦促孟山都限制该技术研发应用，孟山都也在 1999 年 10 月做出了承诺，不把终结者技术商业化。

然而学术界对终结者技术的批评主要集中在以下三个方面：终结者技术使其在市场上形成垄断；技术措施绕开了对知识产权权利的限制；技术突破了品种权利保护的期限。

5.5.3 实验的推迟

现有的转基因技术引入大都是出于风险收益考虑，认为转基因技术的社会引入可能带来的社会收益将远远大于其风险。然而基于成本收益的考量并非适合所有的转基因技术引入。"终结者技术"就属于不适用的一种。从实验的社会可接受性角度分析，其侵害了农民留种育种的权利，容易造成商业垄断以及知识产权权利的滥用（吴亮，2010）。这种难以调和的冲突，使终结者技术社会实验被推迟了。

在此之后，终结者技术仅在得克萨斯州的一个美国农业部的实验室对实验烟草技术进行了试用。2000 年，《生物多样性公约》建议其成员国禁止基因限制技术的田间试验和商业化应用，建立了对该技术的"事实上的延期审批"制度。2000 年 8 月，考虑到技术巨大的商业前景，美国农业部官员表态将推动该技术的应用，一些科学家也表态支持技术的应用，但都遭到了生物技术反对主义者的强烈反对。2005 年 2 月，在生物多样性公约政府间科学咨询机构第 10 次会议上，加拿大等国试图否定"事实上的延期审批"制度，但未获成功。

产业界方面，2004 年 3 月正达公司又获得了一项终极者技术专利，尽管其声称不会将此技术用于商业化，但该公司所拥有的终结者技术专利在同行中是最多的。此后，一些其他基因技术公司，也一直在持续申请相关专利，在终结者技术研发方面，产业界并没有放弃努力。然而试图否定"事实上的延期审批"制度的努力也从未停止。2005 年、2006 年生物技术产业和少数政府大力游说推翻这一制度，但《生物多样性公约》于 2006 年 3 月一致重申并加强了终结者种子的暂停执行情况。2006 年 5 月，世界教会理事会总书记呼吁教会和普遍合作伙伴采取行动停止基因种子灭菌①。

民众社团组织则积极活动要求永久禁止终结者技术，并于 2005 年发起了"取缔终结者运动"。这一行动得到了世界范围内的响应，超过 300 多个组织发表声明支持在全球范围内禁止该技术②。

但是，由于巨大的商业应用前景，产业界的研发努力仍然在持续。ETC 2007

<hr />

① Terminator：The sequel—A new and more dangerous generation of suicide seeds unveiled［EB/OL］. http：//www. etcgroup. org/es/content/terminator – sequel – new – and – more – dangerous – generation – suicide – seeds – unveiled.

② Renewed calls to ban terminator technology as CBD meets［EB/OL］.［2017 – 04 – 10］. http：//nwrage. org/content/renewed – calls – ban – terminator – technology – cbd – meets.

年的研究报告显示，公共和私营部门的研究人员正在使用化学诱导的"开关"来开发新一代的自杀种子，实现对转基因植物生育能力开启或关闭的控制①。

终结者技术"事实上的延期审批"制度以及产业界暂停终结者技术商业化的承诺，重建了多方利益主体的对话与协商。然而，这种让步并没有改变转基因作物商业化进程，仅仅是转基因发展上的一个暂时挫折。终结者技术继续在其他公司和专利所有人手中发展。反对者怀疑，第二代转基因技术"木马"已经开发成功，这种技术能够消除作物中的转基因痕迹②。

在现代社会，我们不得不暴露在新技术社会引入的风险之中。但是，对于一些明显能够带来社会侵害的技术，我们依然有权力拒绝其引入。从负责任的社会实验角度，在实验开始之前，应该从基本的伦理原则出发对其伦理可接受性进行研判，使社会实验的实施真正有利于知识生产、有利于增强人类福祉、促进负责任的实验实施。

本章小结

关于风险的研究已经告诉我们，不同的利益主体对风险有不同的认知，其敏感程度也不尽相同。关于新技术引入的社会风险存在不同的认知，对技术的"预期"假设也就出现了不同。这些不同的技术"预期"假设在公共领域的碰撞，造成了关于技术发展的冲突的诞生。

---

① Terminator：The sequel—A new and more dangerous generation of suicide seeds unveiled ［EB/OL］. http：//www. etcgroup. org/es/content/terminator – sequel – new – and – more – dangerous – generation – suicide – seeds – unveiled.

② Terminator five years later ［EB/OL］. http：//www. etcgroup. org/content/terminator – five – years – later? language = en.

从转基因技术案例研究中，我们可以发现社会实验实际上是一种"干中学"模型，当我们无法在实验室中验证知识相关理论的正确性时，在社会这个大试验场中对其考察和验证似乎是一种选择。转基因技术作为一种具有潜在巨大社会收益的技术，其实验室研究和社会引入在一些国家已然是国家意志主导。无论有意识还是无意识，公众被迫参与其中，共同承担转基因技术引入的社会风险。但是从负责任式实验的角度出发，我们仍然具有拒绝某些实验的权力。同时，可以看到随着公众在科技发展中话语权的增大，政府应对冲突的策略也发生了变化。从最初的逃避规避冲突到直面冲突，从单向的宣传到双向的沟通，从政府主导的质询模式开始走向政府与相关利益群体合作治理的模式。

　　从转基因抗除草剂作物的社会实验中，我们可以看到，在真实社会实验中转基因技术产品的监管被延长了。一种循序渐进的管理程序被拓展到了转基因技术的社会引入阶段。尽管历经多年实验，依然没有证据表明转基因作物引入了更高的风险。这里仍然要求循序渐进的管理过程，转基因作物首先要成功地经过实验、温室以及受控环境中的各种测试，之后才有可能进入大田环境，或者投放到市场。只有这样经过严格的监管，才能够真正构建负责任的社会实验。同时可以看到，良好的实验设计能够管理和减少社会冲突，广泛的审议性参与有助于提高决策的合法性。

6 纳米技术社会实验

　　纳米技术是 21 世纪第一个世界范围的研究计划，世界主要国家和地区都制订了自己的纳米技术发展计划。纳米技术可以应用到各个产业领域，在一般的技术层面上，它既是一种基本的技术解决方案，也是一种使能技术。人们期望纳米技术解决我们经济环境中的各种问题。但是像其他新兴技术一样，纳米技术也有可能引起一些潜在的社会冲突。例如，纳米粒子可能引发的环境健康和安全问题、纳米微型化技术可能引发的公共隐私侵犯问题、与纳米技术有关的人体增强问题以及纳米技术知识鸿沟问题等。

　　随着现代科技进步和公众认知水平的提高，新技术社会引入的情境也在不断发生变化。纳米技术的社会引入情境显然与核技术、转基因技术不同。欧洲转基因技术引入的冲突已经说明，公众的支持对于新技术的成功引入至关重要。因此，各国政府乃至科技界在纳米技术引入之初就十分重视公众态度，开展了一系列的公众参与活动，主动防范纳米技术可能引起的冲突议题。在这一系列公众咨询活动中，公开辩论成为各相关主体发表意见和达成共识的重要方式。

　　本章将纳米技术的社会引入概念化为一种社会实验，将"公开辩论"概念化为实验假设的竞争场域，以欧盟 Nanocap 计划这一特殊实验为例，在实验中观察各利益相关者共识的达成，不同的竞争性实验假设在其中是如何得以消解和重构的。区别于核能、转基因技术社会实验的是，这场实验具有明确的实验设计人员、规范的运作流程。通过实验，各相关主体意见得到表达，更具竞争性的实验假设得以脱颖而出。本章试图探索正在进行的纳米社会实验是如何在社会中组织和建构的、潜在社会冲突是如何在社会实验中消解和重构的这一重要议题。

6.1 纳米技术引入的社会情境

1959 年，诺贝尔物理学奖得主查德·费曼给美国物理学会做了一次著名的演讲《底部还有无限空间》。他预言：人类将来不仅可以用很小的器件制造出更小的机器，而且最终人们可以按照自己的意愿从单个分子甚至单个原子开始组装并制造出最小的人工纳米机器来。费曼的预言被认为是为一个新的科技时代的到来埋下了一粒种子。经过 30 多年的发展，查德·费曼的预言变为现实。

纳米技术被认为是 21 世纪最重要的技术创新之一，能够大幅提高人们的生活质量。在各国政府的大力支持下，纳米技术发展迅速，正在成为涉及全领域的普适科学技术和引领世界科学技术发展的前沿领域之一。

在经历了转基因技术发展的挫折之后，一些学者猜测纳米技术是否会陷入生物技术发展的怪圈，引发严重的社会冲突（Wolfson J. R.，2003）。一些非政府组织已经表示，纳米技术提出的问题具有深远的政治和社会重要性，"政府应该立即暂停新的纳米材料的商业化生产，并启动透明的全球进程，以评估其对社会经济、健康和环境的影响"①。各国政府和科技界也都吸取教训，在纳米技术的社会引入之初就十分关注纳米技术伦理、法律及社会问题的研究，为公众参与纳米

---

① ETC Group. The big down：From genomes to atoms，ETC group ［EB/OL］. http：//www. etc-group. org/documents/TheBigDown. pdf. ［Google Scholar］，2003：72.

发展科技决策提供恰当途径已经成为了大多数国家的共识。就负责任地发展纳米技术而言，世界范围内已经达成一致。

根据 OECD2008 年的一个调查：24 个 OECD 国家中，有 17 个国家制定了明确的纳米技术发展战略；同时，大多数国家还制定有纳米技术相关政策说明，其中明确指出纳米技术存在着人们还没有充分认识到的潜在风险。（樊春良、李玲，2009）

英国政府 2008 年发表《英国政府关于纳米技术的宣言》（以下简称《宣言》），《宣言》中明确提出要使英国在"控制纳米技术的潜在健康、安全和环境风险的国际活动中居于前列"，承认了纳米技术不确定性的存在[①]。美国 NNI 成立后，NRC 开始负责 NNI 的评估工作。2002 年，NRC 对 NNI 的投资战略进行了评估，并出版了报告《小的奇迹，无限的疆域：对 NNI 的评论》；2006 年，NRC 对 NNI 开展了第一个三年评价，对确保负责任发展纳米技术的标准、指导方针和战略进行了评价；2008 年 12 月，NRC 对 NSET 的《NNI 纳米技术环境、健康和安全研究战略》进行了评估，评估后建议增加对纳米技术潜在的环境、健康和安全风险研究的投资。这一建议被美国国会 2009 年 2 月通过的《国家纳米技术行动修正法案》采纳。

欧盟委员会自 2008 年发布了《负责任的纳米科学与技术研究行为准则》，提出"纳米科技研究应当遵循预防性原则，对待纳米科技成果潜在的对环境、健康和安全的影响应当谨慎，采取适当的保护措施，鼓励有利于社会环境利益的进步"；并且指出"纳米科技研究的治理活动应当在对所有利益相关者公开透明的原则下进行，尊重其获取信息的法律权利。它也应当允许所有的利益相关者或者对纳米科技研究感兴趣的群体参与到决策制定流程之中"[②]。

---

① Ststement by the UK government about nanotechnologies [EB/OL]. http：//webarchive. nationalarchives. gov. uk/ +/http：/www. dius. gov. uk/policy/documents/statement - nanotechnologies. pdf.

② Commission recommendation of 07/02/2008 on a code of conduct for responsible nanosciences and nanotechnologies research [EB/OL]. [2017 - 03 - 01]. http：//www. org. uib. no/nets2010/downloads/European% 20Commission% 20 - % 20Code% 20of% 20conduct% 20for% 20responsible% 20nanosciences% 20and% 20 nanotechnologies% 20research. pdf.

可见，在纳米技术引入之初，政府和科技界就承认了纳米技术社会引入的不确定性，强调负责任地发展纳米技术，主动防范类似转基因技术社会冲突的发生。

6.2 纳米技术引入的风险

6.2.1 纳米技术属性及其应用

纳米技术是在接近原子尺度（1～100nm）空间对原子、分子进行操纵和加工，生产性能独特的纳米材料、产品和器件的技术。在这样的尺度空间中，由于量子效应、物质的局限性及巨大的表面和界面效应，物质的很多性能与块体材料相比发生了质变，具有独特的光、电、磁、热等物理化学性能。这些变化渗透到各个工业领域后，将引导一轮新的工业革命（赵宇亮、柴之芳，2010）。

纳米科学技术的飞速发展可能导致生产方式与生活方式的革命，因而成为当前发达国家投入最多、发展最快的科学研究和技术开发领域之一。经过近30年的基础和应用研究，大量的纳米技术正在投入商业化应用之中，在材料、生物技术、医药、航空、食品、环境等领域得到了广泛应用。根据伍德罗·威尔逊国际学者中心对全球纳米技术项目的统计、分类、分析，截至2013年10月，纳米技术产品主要集中在包括个人护理品、衣服、化妆品、运动产品、防晒剂在内的健康和健身相关的行业。该中心调查了32个国家622家公司的1814种纳米技术消费品，其中健康和健身类别包含的产品最多（762种，占总数的42%）。然而，在所调查的产品中有889种（49%）不提供产品中使用的纳米材料成分组成；有29%（528种）的产品含有纳米悬浮材料，能够和皮肤产生直接接触；大多数产品（1288 种产品，占 71%）没有提供足够的支持信息来证实纳米材料的使用（Vance M. E.，Kuiken T.，Vejerano E. P.，et al.，2014）。

6.2.2 纳米技术引入的社会风险

纳米技术在展现出巨大发展潜力的同时，关于其风险的争论也日益激烈。自 2000 年至今，美国国家科学基金会（Roco M.，2007）、欧洲公共卫生和消费者保障委员会、英国皇家学会、英国皇家工程院（Engineering R. A. O.，2004）、联合国教科文组织（Renn O. and Roco M. C.，2006）等欧美相关学术团体纷纷组织专家就纳米技术的风险问题进行研讨，并发布了多项研究报告。

根据相关的研究，概括起来纳米技术的潜在风险主要包括以下两个方面：

（1）纳米技术的 EHS（Environmental，Health and Safety）问题。纳米技术的 EHS 问题主要包括人类健康风险、爆炸风险以及生态风险（见表 6－1）。

表 6－1　纳米技术的 EHS 问题

主要类型	具体内容
人类健康风险	一些研究显示：①纳米结构物由于高的比表面积和高的活性，即使材料本身无毒性，也可能导致细胞和器官有一个毒性反应；②一些纳米尺度的颗粒能够渗透到肝脏和其他器官，经过神经轴突进入大脑；③纳米材料能与铁或其他金属结合，从而提高了毒性的等级，呈现了未知的风险
爆炸风险	纳米粉末具有高的表面活性和表面积/体积比，提高了粉尘爆炸和易燃的风险
生态风险	纳米结构物对环境的影响可能比较显著，主要因为：①生物体内积累，特别是它们吸收了更小的污染物，如杀虫剂、镉和有机物，然后转移到食物链中；②存留，由于纳米材料的小尺度产生生物不能降解的污染，将很难监测

资料来源：Ortwin Renn，Mike Roco. Nanotechnology risk governance ［J］. International Risk Governance Council（White Paper No. 2），2006.

（2）纳米技术的 ELSI（Ethical，Legal and Social Issues）。关于纳米技术伦理问题的讨论源于公众对纳米材料安全性的担忧，这里的安全首先是人的身体不受伤害、威胁以及基础设施的安全问题（王国豫、龚超、张灿，2011）。此外，人的自由问题、医学和军事上的应用、利益与风险的公正分配等都是纳米伦理关注的焦点，知识产权、隐私权保护、公众的风险感知、人类未来的发展的影响等也是相关法律和社会问题关注的重点。

此外，由于纳米技术的使能特性，其与其他技术如信息技术、生物技术和认知科学的结合还有可能引入许多未知的风险，包括对纳米灰雾可能导致人类世界毁灭的担忧、现行法律框架能否保证纳米技术的负责任发展等。

6.2.3 纳米技术的风险特征

国际风险治理理事会（IRGC）把 2000～2020 年纳米产品及其潜在发展划分成互有重叠的四个阶段：被动的纳米结构、主动的纳米结构、纳米结构系统以及分子纳米系统（包括会聚技术），如图 6-1 所示。

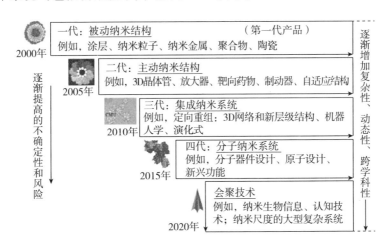

图 6-1 纳米技术及其产业化的时间表

资料来源：Roco M. C. The Long View of Nanotechnology Development：The National Nanotechnology Initiative at 10 years［J］. Journal of Nanoparticle Research，2011，13（2）：427－445.

Ortwin Renn 和 Mike Roco（2006）将纳米技术及其产业化过程表现出不同的风险（感知）特征概况为四类，即简单、复杂、不确定和模糊：

（1）简单：指在材料特性与应用之间存在着清晰的因果关系。

（2）复杂性：指系统或系统单元内，对于大量潜在的原因和观测到的特定结果之间存在的因果关系很难进行识别和定量化处理。组件（Agent）之间的交互影响（合作和对抗）、因果之间的延迟发生、个体的变异、干涉的变量等都使系统或系统单元更加复杂。科学家和工程技术人员对于技术发展及其应用的影响没有足够的知识。然而，理解复杂系统单元的特性而不是整个系统，对于设计管理系统，以减少或控制从属于整个系统的风险是非常有必要的。

（3）不确定性：人类对技术系统和它们影响的知识通常是不完全的（Ravetz J. R.，1999）。在一个系统里，模型化的概率分布只能有助于理解和预测不确定事件，并不能代表系统，还包含目标可变性、系统的随机错误、随机效应、系统边界模糊等其他方面的因素（Asselt M. B. A. V.，2000）。这些不同的因素有一个共同的特点：它们降低了对估计的因果关系的鲁棒性。如果不确定性起到很大的作用，对技术的影响的估计将变得更加困难。不确定性可以通过收集新的数据、发展更好的评估模型、选择独立的系统单元中因果关系分析等来处理。

（4）模糊性：对于纳米技术的认知不足、相关利益和规范的不协调，使技术和风险评估面临一种模糊性，包括解释的模糊性和标准的模糊性。解释的模糊性指对同一个纳米技术评估结果存在不同的解释。例如，纳米颗粒能够渗透到脑组织，但不能导致可观测的损害，这个过程可以解释为一种损害或仅仅是没有健康含义的身体反应吗？标准的模糊性指在给定的价值或规范的情况下，对观测到结果的容忍度或接受度的规范评估的可变性。很多科学争论并不是指方法、测量值或剂量反应等的不同，只是观测或假设的影响偏离或符合预先确定的价值的问题。这也通常会提出一些问题：什么样的价值是一种事实上的问题或被讨论，其必要性在哪，适合哪些群体。高的复杂性和不确定性将更可能出现模糊，但是相对简单、高概率、容易导致争论的风险也可能是模糊的。

前三个分类（简单、复杂、不确定）涉及关于纳米结构物产生特定危害知识的性质，模糊涉及的则是人类对于危害的反应的相关知识。对于纳米技术风险，我们必须考虑复杂性（从简单到高度复杂）和不确定性（从确定到高度不确定）的程度。作为公众反应的一个知识内容，模糊将可能覆盖复杂和不确定性的相关风险，并且可能会改变风险问题的处理方法。

从这些意义上，纳米技术的社会引入等同于一场关系全人类的社会实验。人们不得不处于纳米技术社会发展应用的不确定性之中，在社会中不断积累纳米技术的相关知识，包括纳米颗粒的毒理效应、纳米颗粒在复杂社会环境中的物理化学效应等。有关纳米技术的不确定性也将在社会实验的知识生产中不断消解，同时也伴随新的不确定性的诞生。然而围绕纳米技术风险以及不确定性所产生的社会冲突也将不断地被消解和重构。

目前，纳米技术的社会引入还没有引起广泛的社会冲突议题，但是围绕未来的冲突治理已经开展了一系列的实验治理活动。利用社会实验视角，同样可以将欧盟 Nanocap 计划概念化为关于纳米技术社会应用的一场实验，区别于核能、转基因技术社会实验的是，这场实验具有明确的实验设计人员、规范的运作流程，在实验中观察各利益相关者共识的达成，不同的竞争性实验假设在其中得以消解和重构。伴随这一过程，一些关于纳米技术的潜在冲突也得以消解，促进了负责任的纳米社会实验的实施①。

---

① 刘玉强，耿宇宁，史敏. 新兴科技治理中社会组织参与能力的构建——以欧盟 NANOCAP 项目为例［J］. 未来与发展，2020，44（7）：14–21.

6.3 案例：欧盟 Nanocap 计划

6.3.1 实验设计

（1）参与主体。在欧洲公众反对农业生物技术的背景下，纳米技术被认为是潜在的争议性技术，因此引发了许多政策计划，以促进公众的上游参与（Feit U., Schumann S. and Schwarz C. G., 2015）。2006 年为应对纳米颗粒环境和工作场所引入的潜在危害，欧盟第六框架资助了一个学习能力构建项目 Nanocap，具体由 5 个环境 NGOs、5 个工会组织（TU）以及 5 所大学共同参与组织，由荷兰咨询和研究机构 IVAM UvA 负责协调，项目周期为 2006 年 9 月至 2009 年 9 月（见表 6–2）。

表 6–2 实验中的参与主体

序号	简称	机构名称	国家或地区
1	IVAM	荷兰咨询和研究机构 IVAM UvA	荷兰
2	SNM	自然环境协会	荷兰
3	LA	非营利保护组织	意大利
4	BEF	波罗的海环境论坛	立陶宛
5	EEB	欧洲环境局	欧盟
6	MIO	地中海环境、文化和可持续发展办公室	希腊
7	FNV	荷兰工会联合会	荷兰
8	AMIC	AMICUS 联盟	爱尔兰
9	ETUI	欧洲工会机构	欧盟
10	KOOP	汉堡合作中心	德国
11	PPM	PPM 环境健康咨询机构	奥地利

续表

序号	简称	机构名称	国家或地区
12	UAAR	奥胡斯大学跨学科纳米科学中心	丹麦
13	TUD	达姆施塔特技术大学哲学系	德国
14	KUL	鲁汶大学公共卫生部	比利时
15	UES	埃塞克斯大学生物科学专业	英国
16	ECDO	阿姆斯特丹大学可持续发展专业中心	荷兰

资料来源：笔者整理。

（2）实验目标。实验总体目标：通过提供科学的信息，在纳米技术辩论中为环境 NGOs 和工会组织的态度观点形成提供依据；为学术和产业界的研发行动者负责任地发展纳米技术提供工具；为公共机构提供应对纳米伦理和健康、安全和环境风险议题的初步建议（Schomkerg R. V.，2010）。

子目标为：让环保 NGOs 和工会更好地了解纳米技术的伦理和健康、安全和环境风险问题，使他们能够更好地告知其成员和公众，以便他们能就这些问题向各国政府提出更多的忠实建议；激励学术和工业研发人员选择恰当的方法以减少纳米颗粒，从源头对其进行控制；鼓励学术和工业研发人员接受风险意识，将其放到与纳米技术产品设计同样重要的位置（Schomkerg R. V.，2010）。

（3）实验方案。实验主要通过工作会议、观点辩论和工厂参观等形式开展，有计划地培养利益相关者的实验学习能力。其中大学主要关注会议的科学输入；NGOs 和工会将分别与各自成员讨论后，提交其初步的观点。[①] 涉及的议题主要为：技术议题、环境议题、职业健康和安全议题、伦理议题以及纳米技术收益议题（见图 6 - 2）。

---

① Nanotechnology capacity building NGOs（Nanocap）[EB/OL]．[2017 - 01 - 20]．http：//www. 2020 - horizon. com/NANOCAP - Nanotechnology - Capacity - Building - NGOs（NANOCAP） - s26700. html.

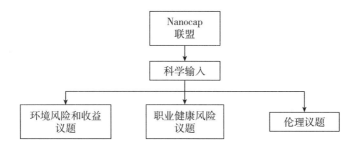

图 6-2　Nanocap 项目结构①

资料来源：笔者绘制。

在科学输入方面，大学在项目中的角色，是围绕其专业领域促进知识的转移。丹麦纳米研究所负责解释纳米材料特性，说明其与传统材料的区别。并基于此，形成了综合性的纳米材料概述。比利时鲁汶大学公共卫生部负责阐述纳米颗粒在毒理学以及职业健康方面的特性。埃塞克斯大学生物科学系负责介绍纳米颗粒环境行为和风险方面的现有知识研究，强调了现有知识研究的不足。阿姆斯特丹大学可持续发展中心专家着重指出更广泛的社会背景下纳米技术的发展，预防性原则路径和现有的化学品立法，通过一些研究论文展示了纳米材料的特殊应用及相关风险。德国达姆施塔特技术大学哲学研究所强调了纳米材料发展和使用在现在以及将来的伦理议题。他们的活动最终形成了一个综合的伦理清单，突出了纳米伦理辩论的热门话题。在与外部专家的沟通过程中，这些不同的主题得到了进一步的阐述。实验假设的形成过程中的一个关键元素是制订一个所有行动者都认同的行动方案。实验假设形成需要识别出利益相关者及其观点态度，与这些利益相关者进行积极的思想交流，伴随着纳米技术的辩论形成独立实验假设。

实验组织了环境 NGOs 和工会组织共同参与欧洲层面的纳米技术辩论。双方

---

① Nanocap：Nanotechnology capacity building NGOs［EB/OL］.［2017-03-01］. http：//www. gaef. de/eac 2007/eac2007abstracts/T09 Abstractpdf/T09 A043. pdf.

都充分表达其对这一新技术领域的理解，给予了他们在实际政策情境下来形成自身观点的机会，向其他成员国以及一般公众科学地传达其理念。实验制定机制使公共机构能够及时说明与纳米技术快速引入社会相关的健康、安全和环境风险议题。与此同时，实验也将为产业界提供工具，促进"负责任的纳米技术"社会引入，例如，激励产业界和学术界聚焦于从源头控制纳米颗粒，使风险评估成为其工作的重要维度。

实验中的一个重要活动就是与产业界就纳米材料的发展和应用问题展开交流，了解产业界在实践中对预防性原则的应用情况，将组织所有相关主体参观一些纳米材料的制造工厂，并就纳米材料的环境、健康和安全议题与公司管理人员进行沟通讨论（见表6-3）。

表6-3　实验的主要议题

工作会议	主题	组织
1	纳米技术基础	ECDO
2	纳米技术逻辑议题——应用化学和物理	UAAR
3	纳米颗粒的职业健康和安全，以及环境议题	UES & KUL
4	纳米技术伦理议题	TUD
5	纳米技术收益的批判性评估	IVAM & TUD

资料来源：笔者整理。

6.3.2　实验观察

2006年9月实验开始之后，便进入了观察状态。实验专门设计了Nano-CapMeter，用来识别各相关主体在实验不同阶段的选择。观测内容包括利益相关主体对所讨论议题重要性的认识情况、影响实验假设形成的主要因素等。

观察内容还包括对相关主体学习能力构建过程的监控。在实验起始和结束阶段，用问卷调查来评估工会和 NGOs 意见形成的方式。问题涉及参与者的知识、他们对纳米技术的态度，以及他们参与纳米技术讨论的信心。在 2008 年末 2009 年初，对纳米辩论中发现的特殊热点话题又进行了深度的调研。调查聚焦于与约束性法律相比，自愿性措施的可接受性，预防性原则在纳米技术研发中的实践操作问题，风险收益平衡问题，对纳米辩论的信任问题。这些焦点主要是关于工程纳米材料健康和环境风险的意见。两个阶段的问卷调查结果得到了对比，并作为纳米技术社会实验发展的背景材料。

6.3.3 竞争性的实验假设

随着实验的展开，两个主要参与主体工会组织和环境 NGOs 在多次讨论中逐渐明确了其关于纳米的价值判断以及监管预期，关于纳米技术的市场化监管、伦理和法律议题、风险评估等形成了稳定的假设预期。

工会组织围绕为所有涉及纳米材料和纳米技术的工人提供安全的工作场所这一目标提出：需要建立一个透明、独立的风险评估体系；推进纳米技术立法并实施；针对缺乏数据的产品案例，应当应用预防性原则。

环境 NGOs 主要观点是纳米技术和纳米材料的负责任治理，经过三年的讨论、访谈形成以下观点：采取严格的管理框架来确保其对环境和人体健康的安全性，遵循可持续性原则；在欧盟没有足够的法律管制框架对纳米材料进行监管之前，纳米材料的发展和应用应该严格遵循预防性原则；当前，亟须对已经市场化或即将市场化的纳米技术消费产品进行综合的评估，评估其对人类健康和环境的影响；建立一个所有行动者共同参与的长期的行动方案，在技术发展的早期就建构这种学习能力，来确保纳米技术发展不危害环境、社会、经济和健康。

工会组织和环境 NGOs 提出的具体解决方案如下：

（1）实验假设 1：工会组织的主要观点。欧洲工会联合会联邦秘书处（ETUC）首先认为，人造纳米材料发展对技术进步有积极意义，同时也创造了新的就业，但是对人体健康和环境仍然具有潜在的风险，需要进行深入的讨论。ETUC 的解决方案说明如下：

在市场化方面，REACH 的"无数据→不暴露"原则必须作为纳米技术产品社会引入之前的一般框架来执行。同时，也需要对 REACH 的注册程序进行修订，以囊括所有的纳米材料，包括生产或进口低于每年 1 吨的材料。此外，工作场所的风险评估交流也是十分必要的。

在工人保护方面，工作场所的风险评估的组织中应当有工人以及工人代表的参与。作为预防性原则的一部分，应当对化学剂指令 98/24/EC 进行修订，在纳米物质危害未知的情况下，要求工人采取措施降低风险，应当提高工人对其所暴露环境中的纳米材料的了解。因此，安全数据清单必须说明工人是暴露在哪种纳米材料之下，加强对工人的训练和健康检查是十分必要的，有助于控制暴露风险。

在纳米技术 R&D 方面，必须提高健康和环境风险研究的预算。纳米技术健康和环境风险的研究预算在纳米技术研发总预算中占比需要提升到 15%（目前为 5%）；包括国家层面和欧盟层面。与此同时，所有的纳米技术研发项目都应当将安全和健康评估纳入最终的报告之中。

在标准术语方面，亟须建立纳米材料标准化的术语体系，为管理计划服务。为此，EUTC 建议欧盟委员会采用纳米材料最为严格的定义，在一个或多个维度上低于 100 纳米。

在欧盟法规框架方面，ETUC 对现行的法律框架进行了检查，发现了一些漏洞。一些管理措施需要做出改变：修订化学剂指令以及 REACH，以使所有的潜在人造纳米材料都纳入其管理范围，对于每年产量小于 1 吨的纳米材料也应实行化学品安全报告；用预防性路径"无数据→不暴露"，在这层意义上应当尽量使工人不暴露在纳米材料环境之中；尽管自愿的措施和实践准则在一些情形下十分契合，但是纳米技术仍然需要恰当的立法；为了确保预防性措施得到有效的实施和遵循，对于违规行为，有必要将惩罚作为一种可选择的措施。

在消费者保护方面，ETUC 希望能够对所有含有人造纳米颗粒的消费产品都实行标识制度。呼吁成员国相关机构，为纳米材料产品的生产、运输和使用建立国家注册制度。

在预防性原则的应用方面，在当前不确定性和缺乏知识的情形下必须采取预防性的措施，工会组织认为这是负责任的发展纳米技术的前提，并且有助于提高纳米材料的社会可接受度。REACH 的注册程序，就是一个预防性措施应用的典型例子。

（2）实验假设2：环境 NGOs 主要观点。在政策和管理方面，环境 NGOs 建议：应当对现有的法律进行修订，更加准确和全面地说明纳米材料问题，现有法律在确保安全、人类健康和环境不被侵害方面需要加强；为纳米材料发展管制和政策框架；实施"无数据→不市场"原则，在恰当的安全评估测试完成之前，不应批准含有人造纳米材料产品的市场化；为了确保风险治理的国际协调和未来法律框架的适用性，需要一个清晰、协调和国际上可接受的纳米技术和纳米材料定义；制定纳米产品市场前的注册和批准框架；向消费者提供的信息应当保证透明度、可追溯性；实行纳米材料的全生命周期分析；目前为纳米材料安全和负责任发展制定的自愿性准则应当具有强制性。

在纳米材料 R&D 方面，环境 NGOs 认为：纳米技术的研究和发展应当源于真实的社会需求，并且基于生态、社会可持续发展的原则，而不是有市场能力的产品；需要清楚识别现有纳米材料安全性评估和管理工具的局限；特别需要加强在纳米毒性和生态毒性方面的研究，以评估对健康和环境的真实影响；欧盟资助的所有新的纳米相关项目，都应当包括可持续的评估和恰当的决策制定机制，并且将公众参与囊括其中；为安全的发展和使用纳米材料建立研究战略，识别路线图；应当发展新技术的可持续的评估工具，在研究和产品研发中评估系统应用。

在公众意识、公众参与和决策制定方面，环境 NGOs 认为：对社会保持纳米技术风险透明和有效的沟通是十分必要的；建议在欧盟委员会和成员国层面，开展面向全欧洲的纳米技术和纳米材料公众讨论。

6.3.4 知识生产和利益协商

6.3.4.1 冲突的焦点

（1）是否需要新的纳米技术立法。根据产业界和欧盟委员会意见，现有的欧洲和国家法律处理纳米风险问题是恰当的，目前的法律足够处理纳米技术的风险问题。对此，工会组织则认为，很有必要弥补现有的法律漏洞，以适应纳米材料发展。

（2）在封闭系统还是开放系统采用预防性原则。工会组织成员都认同目前关于纳米材料的相关知识仍旧缺乏，需要采取保护性的措施。争论之初在于是采取封闭系统还是开放系统，产业界认为预防性原则在封闭系统下更为有效。与会者都同意增加安全数据清单内容，对纳米物质的最低量做出规范，提供化学安全报告。

（3）是否需要制定自愿的行为规范。关于纳米行为规范的讨论分为两派。产业界的代表认为，没有必要建立任何其他的行为准则。然而，工会组织的代表则强调了行为准则执行中的困难。他们重点说明缺乏有约束力的措施来使产业界遵循这些自愿的准则。

（4）纳米风险评估和管理的局限性。环境 NGOs 主要讨论风险管理的不同方面以及"无数据→不市场"原则的应用，一些成员认为一些纳米颗粒已经有了大量的数据（TiO_2 and SiO_2），包括其在空气中暴露和人类健康影响数据等，这些材料的暴露阀值相对容易确定。然而政策制定者并不认同，他们认为纳米颗粒风险评估方法的缺乏是一种局限。OECD 层面有一个关于现有纳米风险评估方法的调查，相关风险评估工具是可获取的，真正的挑战是评估工具对于纳米材料的适用性问题。环境 NGOs 提出了风险可接受性问题。他们认为，在缺乏相关数据的情境下，讨论风险可接受性应当运用预防性原则。可接受性应当通过公众讨论来确定。在任何情况下风险沟通工具都必须能够确保公众与所有关切的利益相关者之间的交流。

可接受性经常与纳米材料产品是否是"好产品"在一起讨论。消费者团体认为，好的产品首先对环境和人类健康是安全的。对于化妆品和食品而言，至少不能比普通非纳米产品有更多的风险。然而产业界的代表坚持认为，应当将风险和收益联合起来考察，特别是考虑到纳米材料在绿色/清洁技术的应用方面，例如水净化技术的应用。

（5）是否采取强制注册制度。在讨论关于含有纳米颗粒产品的强制性注册方面，欧盟议会代表认为在 REACH 下，这是可以完全采纳的方法。消费者团体认同欧盟议会代表观点，提出对产业界实行强制注册将有助于收集公众安全和毒性方面的有关数据。然而，产业界对此并不认同，认为 REACH 完全能够处理纳米颗粒的相关风险问题，能够确保目前市场上 80% 的纳米颗粒在 2010 年前都通过 REACH 注册。CEFIC 也认为，REACH 并不能覆盖所有的纳米颗粒，并且风险评估方法也是不完善的。但是对现有风险评估方法进行一些改进，还是可用的。产品的强制性注册对于产业界来说没有意义，没有清晰的收益。

6.3.4.2 共识达成

到 2009 年 4 月，三年的 Nanocap 计划结束，欧盟议会在布鲁塞尔组织了最后的一次陈述。来自欧盟各成员国、北非或中非、亚洲和加拿大的 200 多位代表参与了此次会议。实验结果表明，此项目在支持工会组织和 NGOs 的立场方面十分成功。工会组织和 NGOs 能够发展其集体观点，共同参与纳米技术管理路径的建构。实验的最大贡献在于推动了纳米材料使用的预防性原则的应用。

使预防性原则更加具有实践操作性，部分地采取 REACH 政策"无数据→不暴露"。为了使纳米产品组成成分公开透明，纳米材料或纳米颗粒的制造商和供应商有通告的责任。这保证产品用户能够进行相对可靠的风险评估。在这方面，材料安全数据清单能够用于风险沟通。这样的清单应当能够提供已知的纳米风险信息，以及如何应对这些风险，并且说明现有的知识鸿沟。此外，还建议为已经市场化的纳米物质提供化学品安全报告。

建立工作场所的注册暴露制度，应当建立纳米职业暴露剂量标准。对于缺乏危害性相关数据的纳米物质，应当采取最为严格的路径，应用综合的安全保障措施。根据英国标准机构的建议，为纳米颗粒建立危害排名系统也是必需的。与此同时，对于那些工作在纳米暴露环境中的员工，应当建立常规的监管措施，发展早期预警系统，以及早识别任何负面影响。对于预防性路径的建构达成如下共识（见表6-4）：

表6-4 预防性纳米技术研究路径的构建

无数据→不暴露

纳米产品制造商和供应商应当通告纳米产品组成成分：

　　（1）声明纳米颗粒的类型和剂量。

　　（2）声明产品链中产品的纳米成分。

工作场所暴露登记制度：

　　（1）与致癌物质对比，对纳米纤维和CMRS纳米材料实行注册制度。

　　（2）与再生有毒物质对比，对不溶性纳米材料实行注册制度。

风险交流的透明性：

　　（1）材料安全数据清单应当提供已知的纳米风险，管理以及知识鸿沟问题。

　　（2）对于年纳米产品产量大于一吨的公司，实行化学品安全报告（REACH）制度。

对于已知的纳米职业暴露，建立以下纳米物质的参考值：

　　（1）富勒烯、SMCNT、MWCNT，炭黑，纳米聚苯乙烯和树枝状聚合物。

　　（2）Ag、Fe、TiO_2、CeO_2、ZnO、SiO_2，氧化铝，纳米黏土。

建立早期预警系统。

采取能够防止无意义产品市场化的措施。

资料来源：笔者整理。

6.3.5 战略选择

实验使在现有框架下"所有利益相关者都参与到负责任的纳米技术发展之中"，工会组织、环保 NGOs、政策制定者、消费者团体都充分表达了其观点态度，达成了一定的共识，成为欧盟决策制定的补充证据。此次实验，关于当前的纳米技术发展战略做出了集体选择[①]：

第一，负责任和可持续的发展。制定纳米技术自愿行为准则，拓展公众参与途径，主动开展纳米 ELSI 研究。

第二，预防。在不知道物质的危害性时，先假设其是有危害的，优先在封闭系统中对其进行处置。

第三，集体实验。强调集体的共责任理念，每个个体都积极参与其中，共同负起责任，构建纳米技术的未来。

纳米技术的社会发展，并没有等待科学证据来证明其安全性或者危害。实验参与各方一致认为一个好的法律，特别是约束性的法律框架足够管理纳米技术可能的风险议题。

本章小结

在核技术、转基因技术引入的冲突背景下，纳米技术逐渐开启了其技术引入步伐。先前学者的研究已经表明，核技术、转基因技术引入的冲突经历，对纳米

---

① Nanotechnology capacity building NGOs（Nanocap）［EB/OL］.［2017 - 01 - 20］. http：//www. 2020 - horizon. com/NANOCAP - Nanotechnology - Capacity - Building - NGOs（NANOCAP） - s26700. html.

技术有重要影响（David K. and Thompson P. B.，2011）。本章首先概述了纳米技术引入的社会情境，可以看到在纳米技术的引入之初，政府和科技界就承认了纳米技术社会引入的不确定性，强调负责任地发展纳米技术，使技术发展真正有利于全人类福祉。进一步，阐述了纳米技术属性和风险特征，进而从风险和不确定性角度将纳米技术的社会引入概念化为一场社会实验。自然实验室中无法对纳米颗粒安全性做完备的测量，而在现代商业和革命性话语的推动下纳米颗粒的社会引入已经成为必然，我们就不得不在社会中不断积累纳米技术的相关知识，包括纳米颗粒的毒理效应、纳米颗粒在复杂社会环境中的物理化学效应等。有关纳米技术的不确定性也将在社会实验的知识生产中不断消解，同时也伴随着纳米技术新的不确定性的诞生。然而围绕纳米技术风险以及不确定性所产生的社会冲突也将不断地被消解和重构。

从社会实验视角出发，欧盟 Nanocap 计划作为纳米技术的一种学习能力构建计划，从无序的竞争性实验假设之中生产出了相对调和的纳米技术监管假设，达成了一定共识，消解了纳米技术监管的部分不确定性，因此本章将 Nanocap 计划概念化为一场社会实验，在实验中观察了各利益相关者共识的达成，不同的竞争性实验假设的消解和重构。从这里可以看到，这种民主商谈或者说参与式讨论，可以作为技术社会实验的一种打开机制，在这一过程之中，技术不确定性得到了部分的消解，同时也加深了各行动者对技术的理解，促进了纳米技术负责任的发展。

7 新技术的冲突治理与监管

黑格尔曾言，人类从历史中学到的唯一教训就是从不吸取历史教训。① 这一点，在新技术的社会引入中可能并不适用。通过将新技术的社会引入概念化为社会实验，我们发现人们能够在新技术发展进程中不断进步、不断学习和了解新技术，并将习得的知识反馈到技术社会冲突的治理过程之中，逐步迈向负责任的、可持续的技术发展进路。

本章首先对案例研究进行了回顾总结，在此基础上按照监管主体对待冲突的态度，将新技术社会实验的冲突治理策略分为规避、同化、学习和共存四种，研究发现这四种冲突治理策略的演进有其内在的逻辑。进一步，探讨新技术社会实验特征对技术监管的挑战，提出技术社会实验理念下的监管框架设计，为新兴科技治理提供思路借鉴。

7.1 对案例研究的总结

7.1.1 实验情境

从核能技术、转基因技术到纳米技术，新技术社会引入的情境发生了显著的

---

① 汉密尔顿. 希腊的回声 [M]. 北京：华夏出版社，2014：190.

变化：

第一，核能技术是在"和平利用原子能"背景下进行的社会引入，这一背景下核能被描述为一种清洁、高效、廉价、安全的能源，无论是科学共同体还是社会公众都对核技术发展抱有极大的热情①。媒体更是用"原子社会""原子革命"等术语来引导公众，使公众对核能抱有热切希望。

第二，然而转基因技术的社会引入，则是发生在经历20世纪60~70年代的环境运动，人们的风险意识逐渐增强之后。基因技术自产生之初，科学家群体内部出于负责任的态度首先暂停了重组DNA分子的研究。之后，随着转基因实验研究的不断推进、商业创新的压力，转基因技术迅速发展，其引入之初就产生了一系列的伦理和社会冲突。然而科学共同体一开始没有对公众的疑问产生足够的重视。

第三，到纳米技术的社会引入之时，科学家吸取了转基因技术发展的教训，技术发展之初就十分重视公众态度，开展了一系列的公众参与活动，主动防范纳米技术可能引发的冲突议题。

21世纪以来，新一轮科技革命和产业变革孕育兴起，全球科技创新呈现出新的发展态势和特征，我们将会面临越发复杂的技术引入情境。学科交叉和技术融合加快，创新要素和创新资源在全球范围内流动加速，科学技术正孕育着新的突破。科学技术的快速发展不仅深刻地影响着人们的思维方式、生活方式和就业取向，而且将引发社会生产方式、全球竞争格局和国民财富获取方式的重大变革。从大数据医疗到智慧城市，从女友机器人到无人驾驶汽车，新技术有望引发诸多领域的变革和传统人与技术关系的变化。案例研究已经说明，核能、转基因、纳米等新技术在带来潜在巨大社会收益的同时，也引入了高度的不确定性。随着科技的持续进步，我们还将见证越来越多的可能引入巨大不确定性的新兴技

---

① Bauer M. W. Atoms, bytes and genes: Public resistance and techno‐scientific responses [M]. Routledge, 2015: 33.

术。这些不确定性技术的社会引入势必会引发一系列的冲突议题，关于新技术的知识鸿沟、新技术系统的设计缺陷、技术引入的社会网络风险，以及更广泛的伦理、法律和社会影响都是潜在冲突的焦点。

7.1.2　知识生产方式

对核能技术、转基因技术和纳米技术三个案例的研究，发现了社会中技术知识生产和不确定性消解的三种方式：从事故中学习、设计实验和公开辩论。

第一，以核电站为代表的大型技术系统，只有在社会中建造运行之后才能对其系统完备性做综合的验证，系统运行过程之中发生的"意外事件"构成了对系统安全性的检验。剖析技术系统运行中发生的事故允许我们重新考量技术知识和系统设计的正确性，以发现和弥补系统设计缺陷，从而不断改进技术系统设计和增进相关知识，化解由于技术系统设计缺陷和知识不足所引发的技术不确定性，达到在社会中进行技术学习验证和知识生产的目的。

第二，以转基因作物为代表的能够与社会自然环境产生深度交互的技术，实验室控制条件下的小规模种植，已然不能模拟作物所引入的真实社会环境，其对自然生态环境的影响只有在社会化种植之后才能得以测量和观察。因此，在真实社会环境中进行的人为设计的开放技术实验，能够成为技术知识社会验证的有效途径。英国政府1998年开始资助的转基因作物的大规模农场试验（FSEs）就是典型的例子，在该试验中，政府顾问、自然保护组织、种植农民、种子公司等都成为了实验设计人员，将转基因抗除草剂作物与传统农田作物相比较，一方面对转基因作物生物环境影响进行验证，另一方面为政府科学决策提供科学依据。这种由多方行动者共同参与设计的集体社会实验，能够收集关于技术生态环境影响的真实世界证据，成为技术真实社会绩效验证的一种方式。

第三，核技术、转基因技术引入的冲突经历对纳米技术有重要影响。在纳米技术引入之初，政府和科技界就承认了纳米技术社会引入的不确定性，组织开展了大量的公众参与活动，共同构建负责任的纳米技术社会实验。在这里，公开辩论成为了有关纳米技术监管不确定性消解的重要方式。对欧盟 Nanocap 计划的研究表明，多主体参与的公开商讨辩论能够成为纳米技术社会实验的一种打开方式，在实验中观察了各行动者共识的达成，不同的竞争性实验假设的消解和重构。在欧盟 Nanocap 计划中，纳米技术监管不确定性得到了部分的消解，同时也加深了各行动者对技术的理解，促进了纳米技术负责任的发展。

从核技术、转基因技术到纳米技术，公众参与的环节逐渐提前。社会中技术知识的生产方式也由被动地从"事故"中学习，发展到主动地设计实验，多主体的公开辩论，实现了自身的递归发展。

7.1.3　技术监管

社会实验允许我们以一种新的视角来考察新技术社会引入的冲突议题。每一次实验循环都涉及对技术监管策略的再评估，适时调整监管策略以与实验情境和技术知识状态相匹配。通过案例研究，关于社会实验中的技术监管形成如下结论：

第一，在是否引入新技术的决策上，由单一的政府主体决策向政府与其他利益相关主体合作共同做出决策转变。无论是英国、美国还是苏联，其核电技术的社会引入都是在政府强推动力下进行的，监管方案也是政府做最终决策。然而到转基因技术、纳米技术社会引入时，政府从开展公众咨询，然后自主做出决策，发展到政府与利益相关者紧密合作，共同做出决策。更多行动者在决策中发挥实质性作用，在管理决策上政府的控制力减弱了，多主体的参与性增强了。

第二，同样地，在新技术社会引入之后的监管主体上，由单一的政府主体向多主体合作监管转变。在技术社会实验视角下，技术的风险和收益分配是不均衡的，更多的行动者可能不是直接获利方，却需要承担因为错误或失败而引起的科学风险。单一的政府主体监管已经不能适应技术的社会实验属性所带来的挑战，因此需要实验中所涉及的相关主体共同承担新技术的监管责任，对整个技术实验进程进行监督，及早发现和识别潜在问题，共同构建负责任的技术社会实验。

第三，在监管框架上，从风险框架扩大到广泛的社会关切。在欧盟 1990/20 风险评估指令下，无论核电站的运行、核废料处置操作还是转基因作物的种植，关注的几乎完全是其直接影响。核废料产生的累积安全影响、转基因食品导致的消费者选择减少以及对粮食产业的大企业控制的担忧等都是广泛的公众关切，却不在风险框架的监管之下（Kearnes M.，Grove – White R.，et al.，2006）。随着对社会实验中技术冲突属性的认识，出现了将确定性"风险"和被忽视的更广泛社会关切作为监管内容的演变。欧盟 2001/18 风险评估指令将生态以及其他更广泛的社会经济影响纳入其中，使原有基于风险概念的监管范围和条款得到了拓展。

7.2　冲突治理策略的迭代演进

新兴技术发展并不是独立于社会历史之外的，先前技术发展的经验教训，成为了新技术社会实验的基础。对于当前的新兴技术，如纳米技术、合成生物学、人工智能技术等来说，相关监管政策仍处于形成的最初阶段。学习先前技术冲突治理策略，分析策略演变过程，对于这些新兴技术冲突治理具有重要意义。

本书将核能、转基因以及纳米技术的社会引入概念化一种社会实验，分析了技术社会实验中的知识生产和利益协商过程，发现社会对冲突的应对策略逐渐丰富，从规避、同化到学习、共存，冲突治理策略实现了迭代演进（见图 7 – 1）。

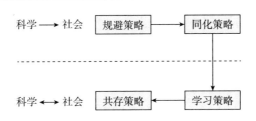

图7-1 冲突治理策略演进过程

资料来源：笔者整理。

从最初的规避策略到同化策略，提高了社会对公众科学素养问题的关注；从同化策略到学习策略，公众"地方性知识"受到了关注；从学习策略到共存策略，使人们认识到在技术引入社会之前，潜在冲突不可能完全消除，社会需要学习与冲突共存，相关行动者需要共同参与科技引入决策。下面将详细介绍冲突治理策略的演进路径。

7.2.1 规避策略

规避策略是一种战术撤退，同时也是技术推动者面对冲突的第一反应，包括降低技术发展预期、避免大规模宣传活动、暂时停止项目推进抑或变更项目实施地点等。对新技术进行炒作，能够提高公众对技术的预期，获取更多的公众关注。"原子社会""廉价能源""转基因作物应对世界粮食危机""干细胞研究治疗癌症和阿尔茨海默症"等都是类似的宣传策略，但是一旦发生冲突事件，这些预期通常会被降低。例如在核电建设中，对"廉价能源"的宣传演变为了更为中性的"新能源组合的一部分"。由于相关药物研究还没有取得突破性进展，"生物技术革命"这一说法也悄然消失。

新技术引入的冲突在世界范围内的分布是不均衡的。技术推动者面对类似邻避效应的反应是规避"在后院"这一问题，转战其他对技术更为支持或友好的地方，从而达到化解冲突的目的。自1996年以来，康奈尔大学的ISAAA每年都会对全球转基因作物的进展情况做出报告，其累积数据正好说明了转基因技术冲突在世界范围内的不均衡分布。在转基因技术冲突严重的地方，如欧洲国家和地区转基因作物的种植几乎没什么进展。然而在转基因技术冲突不明显的国家地区，如美国、巴西、阿根廷等国家，转基因作物种植则保持了持续稳定的增长态势（吴廖，2016）。

最后，将技术作为一个整体概念，面对冲突一部分子技术可能被停止或推迟，而其他技术可能继续推广应用。就像转基因技术中的"终结者技术"一样。当面对公众冲突和市场化失败风险时，技术推动者采取了"持有等待"的策略，暂时不应用该技术。这样部分的规避，同样属于一种转移策略。就基因技术而言，一些国家暂停了转基因技术在农业领域的应用，不断推动其在医学领域的应用，因为在医学上应用具有较少的公众争议。

7.2.2 同化策略

同化策略是指通过正确地传播科学知识，吸收同化有异见公众的策略。这种策略下的冲突治理主要通过提高诊断和早期预警能力来实现。在同化策略下，新技术引入的冲突被概念化为"公众缺省"（Wynne B.，1992），使技术自身得到保护和免受审查。"缺省"概念将问题归结为科技信息处理问题，使技术科学本身免受控诉。

其具体措施包括开展早期冲突预警、冲突监控，改变宣传策略，建立金钱激励系统，设定补偿机制以及提高将不确定性转化为可预测的风险的能力等。例如，孟山都1999年的广告运动，就试图瓦解破坏欧洲对转基因作物和食品的抗议；核电站、核废料处理站附近的居民给予现金补偿，或者尽力避免容易引发负面联想的技术术语的出现，如"胚胎干细胞""克隆"等术语。我国著名水稻育种专家工程院院士袁隆平就习惯将"转基因技术"称为"分子杂交技术"。中科院院士朱作言也曾在接受澎湃新闻专访时表示，"转基因这个名字，我不太喜欢。

因为别人听了，什么是转基因啊，转个什么基因啊，老百姓听了就恐慌"。也有人认为应当将转基因称为"分子杂交"或"分子杂交育种"①。

在同化策略下，公众异见通常被界定为无知、带有感情色彩或者是不成熟的。其下的公众理解科学也被界定为——知道越多，越爱它（科学）②。这种界定在发展中的产业社会可能是正确的：兴趣驱动知识生产，科学素养能够预测公众对科学的积极态度，它反映出了人们对科学技术所怀有的较高期望③；科学知识是不均衡分布的，一些人知道的多，一些人知道得少，知识被高度的社会分割。相应地，消除公众疑虑的策略就是提供更多的风险评估的相关信息，提高公众认知水平和能力，以促进"现实和正确"的思维，消除公众的偏见和启发式联想④。

这种同化策略使技术科学本身免受批判。其遵循的是：科学家负责发现，工程师负责创新，社会科学家负责向公众传达可接受性，这一科技创新的线性模型。然而，随着后产业社会的到来，科技传媒的大众化，科学知识在社会中的分布越发均等，传统的"公众缺省"模型、科技创新的线性模型等受到严重挑战。同化策略在公众科技冲突消解中应用的局限越发凸显。

7.2.3 学习策略

后学院科学背景下，科技发展的驱动力发生显著变化，企业开始成为科技创

---

① 专访朱作言丨转基因名字让人恐慌，准确应叫分子杂交育种［N/OL］. 澎湃新闻，2016 – 07 – 11. http：//www. thepaper. cn/newsDetail_ forward_ 1496563.

② Bauer M. W. Atoms, bytes and genes：Public resistance and techno – scientific responses［M］. Routledge, 2015：161 – 162.

③ 张思光，刘玉强. 基于3E理论的我国科研机构科普成效评价指标体系研究［A］//中国科普研究所、广东省科学技术协会. 中国科普理论与实践探索——第二十四届全国科普理论研讨会暨第九届馆校结合科学教育论坛论文集［C］. 中国科普研究所、广东省科学技术协会：中国科普研究所，2017：11.

④ 张思光，刘玉强. 国立科研机构科普能力研究——以中国科学院为例［M］//王康友主编. 国家科普能力发展报告 2006 – 2016. 北京：社会科学文献出版社，2017：298 – 314.

新的主体①②。政府、科学家以及企业更为紧密地联系在一起③。科学"独立""公正"的印象、科学家和政府机构的公信力受到严重挑战。在这种情景下，新技术冲突呈现参与主体多元、价值诉求多元等基本特征。面对新技术冲突对技术发展的严重影响，政府、科学共同体以及产业界不得不反思先前冲突应对的失策，开始认真对待冲突，将冲突视为一种学习资源，调整冲突应对策略。

在这里，学习策略是指通过反思技术本身和学习外部冲突情景来消解新技术冲突的策略。学习策略下，冲突被界定为一种可供学习的资源，取代了先前占主导地位的"缺省"概念。相应的冲突应对中的科学传播争论，从扩散模型转换为对话模型，从关注风险感知和科学素养到关注公众参与④⑤。这样冲突的焦点从规避冲突、同化公众演变为学习和了解冲突，使技术发展更加具有可持续性。伴随着新的行动者（如人文社会学家）以及新的地方性知识的引入，人们对待新技术冲突的态度发生了改变，而新技术冲突也在不同行动者多种价值诉求的协商中得到重新建构。冲突治理的目标，也从同化控制公众，转为达成共识，从告知人们应该如何做，转为共同商议未来。

围绕学习策略，许多公众参与进路得到了开发，如21世纪城镇大会、专家研讨会、市民陪审团、共识会议、商议式民调、焦点小组、情景规划、世界咖啡馆。目前，在许多国家，法律规定核电项目必须做广泛的咨询，以获得发电许可证。农业生物技术中必须对要释放的特定转基因作物提出影响评估。公众参与咨

① 耿宇宁，周娟美，燕志鹏，刘玉强. 科技金融发展能否促进中小制造业企业技术创新？——基于中介效应检验模型［J］. 科技和产业，2020，20（6）：1 - 8.
② 张克勇，方健，刘玉强，刘县美. 生产性服务业 FDI 对军民融合产业升级的影响研究［J］. 武汉理工大学学报（信息与管理工程版），2020，42（3）：279 - 284.
③ 耿宇宁，周娟美，张克勇，刘玉强. 科技金融发展对科技型中小企业创新产出的异质性影响研究——来自中部六省的证据［J］. 武汉金融，2020（4）：62 - 67.
④ 张思光，刘玉强，贺赫. 我国科研机构科普能力建设与成效评估研究［M］//王康友主编. 国家科普能力发展报告（2017 - 2018）. 北京：社会科学文献出版社，2018：198 - 241.
⑤ 张思光，刘玉强，周建中. 我国科研机构科普服务成效分类评价研究［M］//王挺主编. 国家科普能力发展报告（2019）. 北京：社会科学文献出版社，2019：72 - 98.

询成为了科技决策的必要环节，这种变化改变了决策的过程和决策程序的合法性基础，产生了新的社会安排，如技术评估和审议论坛等，改变了技术冲突治理的议程（见表7－1）。

表7－1　IAP2 公众参与谱系

	通知	咨询	参与	合作	授权
目标	为公众提供平衡和客观的信息来帮助他们理解问题、选择机会和/或解决方案	提供公众对分析、选择和决策的反馈意见	与公众直接在一起工作，以确保公众的担忧和愿望始终得到理解和考虑	在决策的各个方面，都与公众展开合作。包括可选方案的发展，优选解决方案的识别	让公众来决定最终方案
承诺	及时让公众知情	使公众知情，倾听并承认公众的关切和愿望，反馈公众意见是如何影响决策的	与公众一起工作，确保公众关切和愿望在方案中得到直接体现，并向公众反馈决策信息	与公众一起工作形成解决方案，将公众意见建议整合到决策过程之中，使之得到最大程度的显现	执行公众的决策

注：从左至右，公众对决策的影响程度逐渐增加。

资料来源：Core values awards showcase 2015 ［EB/OL］．http：//www.iap2.org/？CVAWinners 2015. 2015：5.

然而，关于公众参与是否有效，在什么程度上能够影响科技决策的进程等问题也引起了一系列争议（Burgess J.，Stirling A.，et al.，2007）。相关研究仍在继续，但毫无疑问，学习策略范式下，技术冲突的各方有了相对理解和尊重的态度，开始学习和倾听各方观点，多种价值诉求得到了显现，地方性知识获得了合法性，共同协商治理冲突议题，促进了新技术引入的合法性基础。

7.2.4　共存策略

进入 21 世纪，新科学、新技术持续迅猛发展，现代科技系统的复杂性和不确定性持续增加。在技术社会实验视角下，一些技术风险只有在与社会的交互过程中才能显现，同时随着实验进程的展开，对新技术的学习和了解也不断加深，一方面某些技术不确定得到了消解，另一方面也伴随有新的不确定的产生。相应的技术属性在社会实验中也不断地被消解、重构。

与技术不确定性和潜在风险相关联的技术冲突，也不断地在社会实验中消解、重构。在这种新的情景下，我们不仅需要学习和了解冲突，还需要做到与冲突共存，认识到新技术的社会引入是一场持续的实验过程，冲突成为社会技术系统发展逻辑的一部分。

共存策略是指承认冲突长期存在，在新技术引入社会之前不可能对其进行充分的预测并完全消解，只有在真实的社会环境之中才能对冲突有更加完备的理解，因此，需要学习和适应新技术的冲突情景，与冲突共存。同时，新技术也在这种不断演变的冲突情景中，得以进步发展。

这样在行动层面，就需要调整冲突战略，对冲突进行重新定位。进行长期而持续的监控，根据不同的冲突语境，对冲突做出实时的反应，不断地学习和适应冲突，调整冲突干预方式，并将每次的冲突应对策略带入下一次冲突应对的情景之中，随着冲突的发生、演进、重构，进行不断的递归、迭代，以达到公开、透明、实时、负责任的冲突治理，促进新技术的可持续发展，不断增强新技术冲突治理能力。

随着冲突情景的演变，作为对冲突的响应，新技术发展战略由 P 演变为 P′，每一次冲突的爆发都意味着需要重新考量现行战略的适用性，对其进行评估，不断地修正技术发展战略。以欧盟现行的纳米技术产品监管策略为例，根据纳米技术的不同发展阶段，制定不同的治理策略（Roco M.，Renn O. 和 Jäger A.，

2008），对纳米颗粒的社会暴露进行持续监管，随着研究的进展和数据的累积，不断地调整和修正纳米监管策略，以促进负责任的纳米技术引入。

7.2.5 策略比较

通过以上分析，可以看到规避策略、同化策略都属于科学线性模型概念下的冲突治理策略，而学习策略、共存策略则是后产业社会非线性模型理念下的冲突治理策略；在冲突归因上，从关注技术的外部原因到反思技术本身；在对待公众态度上，从"简单、均一、无知、需要教育"地看待公众到"倾听、尊重、学习"公众及公众意见。

从规避到同化，促进了社会对公众科学素养问题的关注，一系列调查方法和工具（如欧洲晴雨表）得到了开发，一些专业的科学传播、教育机构得以出现；从同化到学习，公众非专业知识受到了关注，政府科学决策机构认识到，普遍接受的共识不仅取决于"正确的"科学和技术信息，更是取决于信息接收的方式，取决于达成交流的过程（迈诺尔夫·迪尔克斯、克劳迪娅·冯·格罗特，2006）；从学习到共存，人们开始认识到冲突是一种有益的学习资源，在技术引入社会之前，潜在冲突不可能完全消除，社会需要学习与冲突共存，相关行动者需要共同参与技术引入决策（见表 7 - 2）。

然而，从规避、同化到学习、共存，尽管存在这样一种演进路径，四种策略之间也并非后者替代前者的关系。案例研究发现社会对冲突治理策略的选择依据技术实验情境和风险特征的不同而有所不同，存在多种冲突治理策略并存的现象。例如，面对核电站、核废料处理站的选址问题，规避策略仍然是主要的冲突治理策略。在生物技术领域，对待克隆人、终结者技术采取规避的策略，对待转基因主粮、抗除草剂作物采取同化策略、学习策略。在纳米技术领域，则演进出了共存策略。在策略的演进过程之中，对冲突的界定由"有害的，需要回避"转变为"有益的，需要学习，与之共存"，体现了一种进步循环。冲突使行动者

表7-2 策略比较

	规避策略	同化策略	学习策略	共存策略
对技术态度	不怀疑	不怀疑	反思	反思
对冲突态度	有害，规避	有害，降低	有益，学习	有益，学习，适应，共存
应对措施	降低预期；避免过度宣传项目推迟；另选他地等	冲突预警；冲突监控；改变宣传策略；建立金钱激励系统；设定补偿机制；提高将不确定性转化为可预测的风险的能力等	专家研讨会；市民陪审团；共识会议；商议式民调；焦点小组；情景规划等	战略调整；实时监管；动态调整；适应性管理等

资料来源：笔者整理。

开始关注那些被忽视的议题，公众的风险认知、技术进步的 ELSI 议题、新的风险评估方法等相关知识得到了学习和拓展，促进了科技与社会的和谐发展。

7.3 新技术实验特征带来的监管挑战

7.3.1 新技术的风险特征

以信息技术（如物联网、人工智能和大数据）、生物技术（如转基因作物技术、基因治疗技术、合成生物技术）、纳米技术、认知技术等为代表的新兴科技正在深刻而广泛地塑造着人们的生产生活。相关的实验室研究正在取得突破性进展，一旦技术在现实世界中显示其效用，便会迅速地吸引投资，快速地实现商业化①。但是，关于新兴技术未来能够发展到何种程度仍然具有高度的不确定性。其潜在的二阶段或三阶段效应也无法得到完备的预测。传统的基于成本 - 效益的风险评估方法在这种新情境下俨然失效。面对这种技术发展的不确定性，需要新的风险研究进路，在新技术的风险和收益中取得更好平衡。

新技术的不确定性风险大致可以分为两类：可预测的和难以预测的。可预测的风险主要有：电网、信息网络的大规模瘫痪；监管不当造成的实验室超级病毒的逃逸、危害物质的社会暴露；数据隐私的大规模泄露等。然而像纳米颗粒、合成生物体、人工智能等对人类和自然环境的影响，在实验室中不能得到充分的评估，因此其风险是难以预测的，无法预测其真实的社会绩效②。

无论是可预测的还是难以预测的风险，都因为技术的加速发展及其复杂性而被放大。计算能力的指数式增长意味着一个小小的引爆点就有可能使风险显著加大，而超链接性则能让新的思想和能力以更快的速度影响全世界。新技术变得日趋复杂，而社会对它们的未来演化又缺少科学认知，使个人和监管机构难以理解这些新兴技术③。

7.3.2　新技术的监管挑战

在监管框架方面，一些新兴技术领域的监管框架还不够完善。当前的法律法规在一些特定新兴技术领域较为完善，而在其他与之相似的新兴领域，则存在法律法规的空白。例如，关于商用飞机的自动驾驶一直处于严格监管状态，而关于小型无人机的使用，无论是国家层面还是国际层面迄今都还没有令人满意的监管政策（邢强，2015）。同样地，即将到来的无人驾驶汽车也面临政策和法律框架

---

① 陈光华，刘玉强，靳宗振. 高技术研究机构与衍生企业关系研究［J］. 科技进步与对策，2017，34（6）：110 - 116.

②③ 2015 年全球风险报告［R/OL］.［2017 - 03 - 20］. https：//cn. weforum. org/reports/global - risks - 2015.

缺失的问题，尽管一些国家已经开始了一些立法尝试，但是距离达成共识还有一段较长的路要走（陈晓林，2016）。

在监管的时机方面，对于未来发展具有高度不确定性，其影响及后果需要经过长时间累计才会显现的技术，监管决策的时机很难把握。在技术发展的早期阶段，过于严格的监管可能会阻碍其发展；然而采取放任的态度，又有可能造成难以估量的后果。这就需要在研发阶段，在成果转化阶段，在技术社会应用阶段，不同阶段采取不同的监管措施。

在监管的地点方面，需要考量国家和国际层面的监管协调，特别是在国际层面，需要把国际性的法规转化为能被各国充分执行的规则。对待新兴技术，不同国家的认知文化千差万别。例如，在转基因技术产品的公众接受度方面，欧洲的接受度明显低于美国，所以欧盟把预防性原则变成了制度，而美国则对自己的监管体系拥有足够的信心。因此，需要一个具备应对潜在全球性风险的能力以及适应不同文化偏好的灵活性的监管框架①。

在监管的职责划分方面，面对新兴技术，当管辖责任不明时，"由谁监管"的问题便凸显出来。随着新发明涉及的学科和技术越来越多，监管的难度也越来越大。这方面的例子包括谷歌 VR 眼镜、自动驾驶汽车和移动医疗设备：它们全部基于互联网标准，同时又各自对其他领域产生着影响。现在的问题是缺少相应的机制来决定哪个监管部门应该对新兴技术负起责任。

总的来说，在预防和创新之间求得平衡很难。具有潜在效益的创新成果，不冒一定风险是无法得到检验的。威达信公司全球风险及特殊险部总裁 John Drzik 表示："人工智能将有助于我们更有效解决当代一些重大问题例如气候变化和人口增长等。如今我们对人工智能的投资比五年前多出 10 倍，因此取得了迅速进展。然而，对人工智能的依赖加深将极大恶化诸如网络风险等现有风险，所以及

---

① 2015 年全球风险报告［R/OL］.［2017 - 03 - 20］https：//cn. weforum. org/reports/global - risks - 2015.

时出台相应解决措施也同样重要。"①

面对这种新兴科技发展态势，亟须深入思考其对社会、经济、环境和地缘政治的影响，计划并规划未来，以便在新技术的风险收益中取得更好的平衡。现代新兴科技存在许多相互依赖性和不确定性，它们带来的挑战超出了政策制定者既定的能力范围。监管科学越来越需要面对这样的困境：首先监管系统要具有充分的可预测性，以使企业、投资者和科学家做出合理决定；又要足够明确，避免出现可能危及民意或者给予非国家行为者过多活动空间的治理漏洞。在此背景下，要设计与时俱进的监管体系应采用灵活的方式，将不断变化的社会经济条件、新的科学知识、新的理解、新的发现等因素考虑进去，以适应不断演变的科技发展情境，及时应对新兴科技的不确定性风险。图7-2为新兴科技的风险和收益。

考虑到新兴技术的复杂性和快速变化，新的治理系统的设计应有助于促进各利益相关者之间的对话。对于政府监管机构，其监管决策越来越需要吸收多方的意见，甚至让渡一部分决策权给科学家、企业以及更广泛的公众。鉴于公众对监管措施的影响，也必须依靠良好的沟通策略，邀请公众参与公开对话，共同商讨新技术的风险和机遇问题。如果可能受到新兴技术影响的各利益群体都能参与设计潜在的监管制度，并且获得了有助于他们做出明智决定的知识，那么相关治理就会更加稳定可靠，既不太可能忽视新兴威胁，也不太可能毫无必要地扼杀创新。

新兴技术的安全和可持续发展，需要更多的治理监管，同时这也意味着增加创新的成本。治理系统的设计如何在保证科技可持续发展的同时，又不过多地增加新技术创新成本、阻碍技术创新，是新兴技术治理面临的关键议题。面对这一困境，可以从负责任的社会实验视角予以破解。

---

① 2017年的世界：就业不足、缺乏包容、威胁重重［EB/OL］．［2017-03-20］. https：//cn. we-forum. org/press/2017/01/grr17.

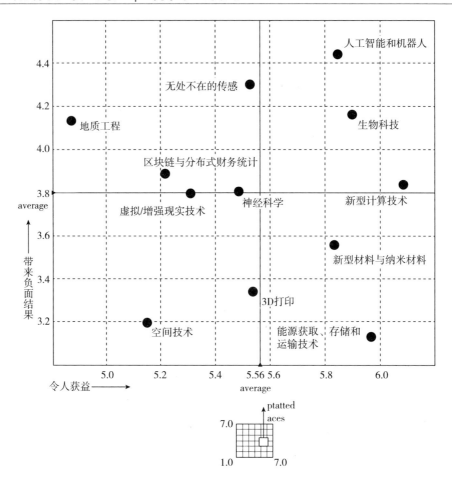

图 7 - 2　新兴科技的风险和收益

资料来源：2017 年的世界：就业不足、缺乏包容、威胁重重 ［EB/OL］．［2017 - 03 - 20］. https：//

cn. weforum. org/press/2017/01/grr17.

7.3.3　负责任的社会实验

先前部分的研究已经说明，新兴技术的社会引入可以概念化为一场持续的社会实验。这样新兴技术的监管、治理问题，就可以概念化为技术社会实验的监管、治理问题。

第一，"技术社会实验"能够为各利益相关主体提供对话的平台，使各相关主体平等地参与"实验设计"，协商确定实验中的主体责任。

第二，"技术社会实验"涉及伦理可接受性问题，公众的知情权、社会中风险和利益的分配、各利益相关主体的价值诉求等都能得到体现。

第三，"技术社会实验"具有足够的灵活性，允许我们在社会中学习和了解新兴科技，通过学习技术发展中的"意外事件"以及不断的知识生产和利益协商，对实验假设、预期进行修正，能够不断提高社会对新兴科技的治理能力和水平，促进负责任的社会技术创新。

7.4　新兴技术监管框架设计

社会实验允许我们以一种新的视角来考察新兴技术的社会引入的冲突议题。类似实验要遵循基本的道德原则，技术社会实验同样如此。在社会实验框架下，就是如何设计监管政策以确保技术社会实验的可接受性问题。关于在什么情形下技术社会实验才是可接受的，Van de Poel（2015）结合生物伦理的四项基本原则，提出了技术社会实验的 16 条基本伦理原则（详见第 2 章），具体到监管层面涉及的原则主要有：实验设计要灵活，避免技术锁定效应；清晰的责任界定；实验对象是知情的；实验对象能够影响实验的设定、执行、监管、评估、适应以及中止等各个环节；必须清醒限制实验规模以避免大规模的伤害；对涉及隐私问题的数据和风险进行监管。

这样，结合 Van de Poel 提出的基本原则，吸取核技术、转基因技术以及纳米技术监管的经验，借鉴适应性管理理念，就可以提出技术社会实验监管的基本框架。

7.4.1 基本原则

考虑到当代新兴技术引入的实验情境和风险特征，需要构建一个既机制灵活，又能够满足和包容不同价值体系，允许进行社会技术学习和政策改进的监管框架。概括起来，需要遵循以下几点原则：

（1）预防。以谨慎的态度面对新兴技术的发展，并采取适当的保护措施。

（2）包容。将相关的利益主体包容进来，在公开透明的原则下参与新兴技术的监管，允许所有的利益主体或者对纳米技术感兴趣的群体参与到决策制定的过程中。

（3）协商。相关利益主体在平等的位置上通过协商，共同决定新技术的发展。

（4）创新。一方面意味着增长有效的知识，更好地理解技术属性；另一方面由于风险管理中的不确定性和不完全信息，也需要在相关的技术方法、管理手段等方面加强创新。

（5）责任。鉴于新兴技术自身及其影响的不确定性，很难通过明晰的条款规范各利益主体的行为，因此在新技术监管中需要强调各利益主体的责任意识。

（6）评估。新技术监管强调的是负责任的行动，并且很难预测新技术的发展轨迹，因此需要在执行以上原则的基础上，定期或不定期地加强评估，适时调整政策。

7.4.2 两阶段的监管模型

通过对新兴技术不确定性和风险特征的分析，可以看到新兴不确定性技术的监管与自然资源的监管十分类似，基于适应性管理理论（第2.2节），可以对新兴技术的监管框架进行整体设计。

学习和决策制定是技术社会实验管理的重要特征。在这种技术社会实验中，我们假设技术的真实社会绩效是受监管决策和实验情境影响的，随着社会实验情境的演进，对技术属性和风险特征理解的加深，技术真实的社会绩效也在不断发生变化（见图7-3）。在实验中一方面需要不断地学习和了解新技术，观察监管决策对技术社会绩效的影响；另一方面需要将习得的新知识、新理念反馈到监管政策的制定过程之中，来指导下一步监管决策的制定。通过这种不断的"学习-反馈"机制达到对新兴技术的善治。这里可以按照技术社会实验的进程，将技术社会实验的监管分为两个阶段：实验设计阶段和决策迭代阶段①。实验设计阶段主要任务是确定利益相关者、监管目标、可选择的监管方案、实验模型以及监测手段。决策迭代阶段主要是通过持续的监管和社会学习进行管理，并根据所习得的内容不断改进监管方案（见图7-4）。

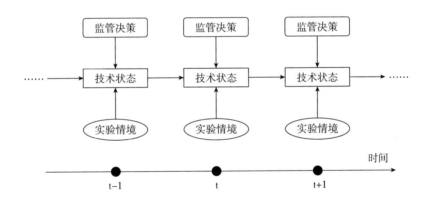

图 7-3 新技术社会实验的动态监管框架

资料来源：笔者整理。

7.4.2.1 设计阶段

（1）利益相关者参与。识别出利益相关者的利益，确保利益相关者的充分

---

① 这里借鉴了 Williams（2012）等的适应性管理的设计理念。更为详细的介绍可以参阅以下资料：Williams B. K., Brown E. D. Adaptive management: The US department of the Interior applications guide [M]. US Department of the Interior, Adaptive Management Working Group, 2012.

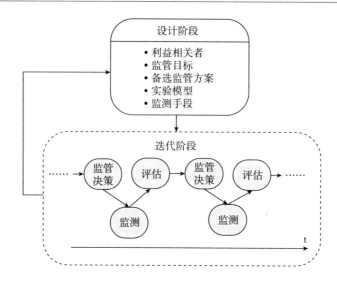

图 7 - 4 两阶段监管模型

参与，是技术社会实验管理的基本要求。这里的利益相关者包括科学家、技术研发人员、生产制造商、政府监管机构、NGOs、经销商、消费者以及可能受技术社会实验影响的广泛公众。社会实验中的关键步骤是确保恰当的利益相关者参与到这一过程之中。利益相关者需要参与评估技术知识状态，就监管的范围、目标和行动方案等达成协议。

（2）监管目标。监管目标是利益相关者共同参与制定的目标集合。不同利益相关者可能有不同的假设诉求，因此可能影响到监管目标的确定。一个相对统一的监管目标在减少不确定性和改进管理方面发挥关键作用。在实验设计阶段就设定明确、可衡量和达成一致的目标，有助于指导决策制定和评估政策过程，实现成功的监管①。

（3）可选择的监管方案。与任何迭代决策过程一样，技术社会实验监管决

---

① 张思光，刘玉强，徐芳. 基于软系统方法论的政策效果评估研究——以促进科技社团承接政府职能的政策为例［J］. 科研管理，2018，39（S1）：67 - 75.

策需要在每一个决策点都进行监管方案的重新考量，需要结合实验情境与技术知识状态，采纳明智的监管方案。可选择的监管方案对下一步的技术发展战略选择具有重要影响。如果可选方案不能在技术社会实验中产生可识别的差异，那么就有可能影响到监管决策的改进。

（4）实验模型。实验模型，是预测监管方法对技术影响的模型，通常用投入、产出和结果等形式表达收益和成本。为了做出明智的决策，需要对可选监管方案的成本、效应和技术后果等方面进行比较。

在技术社会实验中，可以通过比较技术系统结构和功能假设，对其中的不确定性进行识别，这些实验假设被嵌入不同的模型中，用于预测技术绩效随时间的变化。随着时间的推移、证据的积累，不同模型的有效性得以验证。

（5）监测计划。学习是技术社会实验的核心，通过观察实际效果与模型预测，可以了解技术实施状态，从而证实关于技术状态及其监管决策的最优假设。

技术社会实验中监测到的数据，应当服务于四个目的：①评估监管目标的达成情况；②确定技术状况，以确定适当的政策行动；③通过比较预测与调查数据来增加对技术动态的理解；④根据需要和适当的方式开发和完善技术创新的动力模型。简而言之，监测的价值源自于对社会实验中这种适应性决策的贡献（Moore C. T. 和 Conroy M. J.，2006）。

7.4.2.2　迭代阶段

（1）决策制定。随着关于新技术的知识不断增长，利益相关者对技术属性和风险特征的理解会逐步加深，在监测到技术真实的社会绩效与实验预期发生严重偏离出现"意外事件"时，就需要重新评估新技术的知识状态、社会实验情境假设以及先前的监管决策，重新选择或制订新的监管方案。这样监管主体就能够根据技术知识状态和社会情境来调整监管策略，逐渐减少新技术引入的不确定性，逐步改善决策过程。

（2）持续的监测。新技术的社会引入并不是一次性决策，相应其社会实验也是一个持续的过程，需要对其进行长期持续的监测。这里的监测主体可以是任何参与其中的行动者，需要在社会中不断地收集新技术的相关数据，评估监管决策，更新监管措施，调整优化实验假设。

（3）评估。监测提供的数据能够用于技术真实社会绩效的评估。当实验预期假设与真实社会绩效出现偏差时，就需要考虑对实验的模型假设、监管决策进行评估。评估结果又用于指导下一步的监管决策。

技术社会引入之初，可能有不同的竞争性实验假设，随着实验进程的展开，有的假设与技术真实的社会绩效相符得到验证，有的不能够得到验证。这样得到验证的模型假设及相应的监管方案就越容易获取合法性。

（4）反馈。在迭代的任何阶段，从监管决策、监测、评估中所获得的新知识，都被用于指导下一步管理行为的选择。从监管决策的执行开始，到后期持续的监测，然后对监测数据进行评估，并将新知识反馈给未来的决策。在社会实验中重复这一活动顺序，在此期间根据吸收到的新知识不断调整监管策略。这样，决策、监测和评估的迭代循环逐渐促进技术社会管理的优化。

本章小结

本章首先对案例研究进行了回顾，总结了现代新兴技术的风险特征，在可能给人类带来潜在巨大社会收益的同时，也引入了不确定性风险，对其监管带来了挑战。研究发现，技术社会实验视角的分析有助于监管困境的破解。先前技术冲突治理策略的演进，说明技术发展受到管理决策和社会情境变化的影响，人们可以从社会实验中不断地学习和了解新技术，根据不同的技术状态、社会情境选择不同的冲突治理策略，以促进新技术的可持续发展。这样，基于先前学者的研究，吸取核技术、转基因技术以及纳米技术监管的经验，借鉴适应性管理的基本理念，本章提出技术社会实验监管的基本框架，希望为新兴不确定性技术的监管政策的制定提供可参考的依据。

8   研究结论与政策启示

8.1   研究结论

  本书从技术社会实验理论视角出发，以新技术的社会冲突议题为研究对象，构建了技术社会冲突重构和消解的分析框架，将新技术的社会冲突概念化为各行动主体基于其价值判断所做出的、竞争性实验假设之间的冲突。基于分析框架，分别将核技术、转基因技术以及纳米技术的社会引入概念化为关于其实验假设验证的社会实验，在真实的社会环境中考察技术的真实绩效，验证不同的实验假设。同时，在技术与社会的共同演化过程之中，一些技术所隐含的属性也得以暴露，技术的社会冲突也得以消解和重构；并且在案例分析的基础上，识别出了技术社会冲突治理策略的演进路径，提出了基于技术社会实验特征的技术监管框架。总结来看，可以从技术社会实验的理论研究、知识生产、冲突治理和技术监管四个方面来总结本书的研究结论。

8.1.1 技术社会实验的理论研究

本书研究表明，技术社会实验理论可以成为新技术创新治理的补充路径。传统基于风险框架的技术治理路径，在面对新兴技术不确定性和社会引入的实验特征时，存在明显不足。对于一方面能够为人类带来潜在巨大社会收益，另一方面又存在显著不确定性的新兴技术，在其社会应用实施之前，缺乏足够的可靠性证据来论证其潜在社会后果。无论是出于国家意志还是无形的商业压力推动，此类技术的社会实施应用已然难以避免，其社会引入具有明显的实验特征。技术社会实验理论正是基于这一背景，首先承认新兴技术社会引入的不确定性特征，强调其治理应当基于递归学习机制，在社会中收集新技术的绩效信息，适时调整技术治理策略，促进新兴技术的善治。

本书研究表明，技术社会实验理论能够为不同参与主体提供对话交流的机遇和平台。在新技术的社会引入中，技术反对者要求科学家证明技术是安全的，而技术支持者则认为只有经过科学证实的风险才能得到管制。在技术社会实验理论视野下，新技术在实施应用之前没有可行的方式能够对其知识和系统正确性进行验证，只有在其社会实施应用中进行验证，社会实验中的参与主体可以共同参与构建负责任的技术社会实验，在技术的社会嵌入过程之中，学习和了解新技术，增进新技术社会实施应用的合法性基础。

8.1.2 社会实验中的知识生产

技术社会实验可以通过从事故中学习、设计实验和公开辩论三种方式，进行知识生产和不确定性消解。从核技术、转基因技术到纳米技术，公众参与的环节逐渐提前。社会中技术知识的生产方式，也由被动地从"事故"中学习，发展到主动地设计实验，多主体的公开辩论，实现了自身的递归发展。

8.1.3　社会实验中的冲突治理

技术社会化过程中所引发的冲突，可以成为技术与社会协调发展的一种建构性学习资源。其对技术的社会嵌入所引发的意外后果有基本的预警功能，能够：①引发我们关注被忽视的问题；②评估既定的技术方向，开拓其他技术路径，实现结构性学习；③促进社会学习和技术进步。

技术社会实验中，关于冲突问题的认知和规范内容得到了重新界定，甚至产生了一系列新的冲突问题。然而这一过程发生在技术社会实验的不同类型行动者利益协商过程之中。在冲突归因上，从关注技术的外部原因到反思技术本身；对冲突的界定由"有害的，需要回避"转变为"有益的，需要学习，与之共存"，体现了一种进步循环。

从核能技术、转基因技术到纳米技术，本书识别出了社会中技术冲突治理的四种策略：规避策略、同化策略、学习策略和共存策略。这四种策略有其内在的迭代演进路径。

本书研究发现可以利用社会网络来提高新技术绩效，减少冲突和不确定性。现代社会的许多创新只有通过社会网络才能获得。网络为社会实验创造了合法性，提供了条件。网络也为实验中的决策主体降低了决策风险，但是对一般公众来说，则是增加了他们的风险。

8.1.4　社会实验中的技术监管

研究发现，在是否引入新技术的决策上，出现由单一的政府主体决策向政府与其他利益相关主体合作共同做出决策转变的现象。同样地，在新技术社会引入之后的监管主体上，出现由单一的政府主体向多主体合作监管转变的现象。更多的行动者在监管决策和监管执行环节发挥实质性作用，政府在新技术监管中的控制力减弱了，更多的行动者角色在监管中得到体现。

在监管框架上，监管的内容得到了扩展，监管周期被延长，从风险框架扩大到广泛的社会关切。随着对社会实验中技术冲突属性的认识，出现了将确定性"风险"和被忽视的更广泛社会关切作为监管内容的演变。

此外，在技术社会实验下，新技术的引入决策不再是一次性决策，而是需要根据社会情境和技术知识状态适时调整监管策略，以保证及时和适度的监管，提高了社会对处于发展后期阶段的技术的控制能力，有助于科林格里奇困境的消解。

8.2   政策启示

本书研究表明，现代新技术社会引入的实验特征越发凸显，成为潜在冲突的导火索，而我们的社会和既有的政策体系还没有做好足够的准备。社会需要学习和适应新技术的这种实验特征，本书研究对于新技术社会引入的创新治理，有如下启示：

第一，新技术或技术系统的社会引入不是一次性决策，应当充分认识到现代新兴技术、复杂技术系统社会引入的实验特征，在带来巨大社会收益的同时，也引入了重大不确定性风险。在技术进入社会之后，还需要对其进行长期持续的监测，以尽可能早地发现可能产生的"意外事件"。当新技术系统预期与实际绩效发生严重偏差时，就需要对相关理论和知识进行反思，调整或改变技术发展战略。

第二，对于具有重大不确定性后果的大型复杂技术系统的首次社会引入，应当在规模上坚持最小必要原则。由于技术系统的社会实验属性，使一旦产生"意外事件"，其影响范围和造成的损失可能十分巨大，造成不可逆、不可恢复的伤害。因此，出于审慎性考量，其首次社会引入应坚持最小必要原则，只有当技术系统的社会绩效得到验证之后，才能逐步扩大应用，以降低技术系统的不确定性风险。这样能够使技术社会实验在最小危害下进行，增强技术系统社会引入的合法性基础。

第三，在新技术社会引入之前，应当充分考虑技术失败可能引发的伦理、法律和社会后果，做好社会宣传，备好应急预案，提高社会整体应对技术系统不确定的能力，促进技术社会实验的可逆和可恢复性。

第四，技术社会实验启示我们，技术监管决策的过程应当去中心化。政府机构应当学习与其他利益相关主体合作，让渡部分监管决策权利，以降低决策风险。同时，鼓励各利益相关主体积极参与监管实践，促进技术的负责任的发展。

8.3 不足与展望

由于研究时间和个人能力有限，本书的研究还存在一定的不足，之后的研究可以从以下几个方面展开，进一步拓展理论和实践：

第一，本书将新技术的社会引入概念化为社会实验，由于研究精力限制而没有展开这种实验的伦理可接受性问题，对于实验的完整性来说是一个缺憾。这一问题，可以成为将来研究和拓展的一个方向，有助于促进技术引入的社会合法性。

第二，本书在案例选择上，选取了研究资料较为丰富的核技术、转基因技术和纳米技术。如能开展更多的争议性较小的技术案例研究，将有助于说明理论和框架的适用性。现代大型的技术系统，如物联网系统、医疗大数据系统，以及新兴技术产品如智能手机、无人驾驶汽车、人形通道闸机等都是很好的研究案例，值得进一步拓展和丰富案例研究。

第三，社会实验理论也存在一些不足。如何理解社会实验中的"实验"概念，什么时候才能认为技术不再是实验状态，社会实验的规制控制问题等，还有一系列理论与实践问题值得我们深入研究。

第四，实验情景下的科学应用在产生确定性的同时也产生着不确定性。科学上对不确定的反应是更多的研究，其结果是社会领域越来越多地嵌入科学实验的元素，意味着这一领域的社会行为变得越来越遵循科学操作的模式。沿着这一模式，新技术的社会应用变得越来越在受控条件下进行，也许这便是技术社会实验的最终发展方向。

参考文献

［1］ Andrews R. N. L. Environmental regulation and business "self – regulation" ［J］. Policy Sciences, 1998, 31 （3）: 177 – 197.

［2］ Armitage D. R. , Plummer R. , Berkes F. , et al. Adaptive co – management for social – ecological complexity ［J］. Frontiers in Ecology & the Environment, 2009, 7 （2）: 95 – 102.

［3］ Armitage D. , Berkes F. , Doubleday N. , et al. Adaptive co – management: Collaboration, learning and multi – level governance ［J］. Ecological Economics, 2007, 18 （4）: 653 – 655.

［4］ Ashworth M. J. Feedback design of systems with significant uncertainty ［M］. John Wiley & Sons, Inc. , 1982.

［5］ Asselt M. B. A. V. Perspectives on uncertainty and risk ［M］. Springer, 2000.

［6］ Bakker E. D, Lauwere C. D. , Hoes A. C. , et al. Responsible research and innovation in miniature: Information asymmetries hindering a more inclusive "nanofood" development ［J］. Science & Public Policy, 2014, 41 （3）: 294 – 305.

［7］ Bauer M. W. Atoms, Bytes and Genes: Public resistance and techno – scientific Responses [M] . Routledge, 2015.

[8] Bonneuil C. , Joly P. B. , Marris C. Disentrenching experiment – the construction of GM – Crop field trials as a social problem [J] . Science Technology & Human Values, 2008, 33 (2): 201 – 229.

[9] Brown R. Artificial experiments on society: Comte, GC lewis and mill [J] . Journal of Historical Sociology, 1997, 10 (1): 74 – 97.

[10] Burgess J. , Stirling A. , Clark J. , et al. Deliberative mapping: A novel analytic – deliberative methodology to support contested science policy decisions [J] . Public Understanding of Science, 2007, 16 (3): 299 – 322.

[11] Burget M. , Bardone E. , Pedaste M. Definitions and conceptual dimensions of responsible research and innovation: A literature review [J] . Science & Engineering Ethics, 2016, 23 (1): 1 – 19.

[12] Böschen S. Modes of constructing evidence: Sustainable development as social experimentation—The cases of chemical regulations and climate change politics [J] . Nature & Culture, 2013, 8 (1): 74 – 96.

[13] Campbell D. T. , Stanley J. C. Experimental and quasi – experimental designs for research [M] . Ravenio Books, 2015.

[14] Carrlère J. , Barrette J. Fundamentals of media effects [M] . Beijing: Peking University Press, 2007.

[15] Cohen B. L. Three mile island: A nuclear crisis in historical perspective [J] . Physics Today, 2005, 58 (2): 63 – 64.

[16] Commission Recommendation of 07/02/2008 on a code of conduct for responsible nanosciences and nanotechnologies research [EB/OL] . [2017 – 03 – 01] . http: // www. org. uib. no/nets2010/downloads/European% 20Commission% 20 – % 20Code% 20of% 20conduct% 20for% 20responsible% 20nanosciences% 20and% 20nanotechnologies%

20research. pdf.

[17] David K. , Thompson P. B. What can nanotechnology learn from biotechnology?: Social and ethical lessons for nanoscience from the debate over agrifood biotechnology and GMOs [M] . Academic Press, 2011.

[18] Developments in nanotechnologies regulation & standards – 2012 [EB/OL] . http: //www. nanotec. it/public/wp – content/uploads/2014/04/ObservatoryNano _ Nanotechnologies_ RegulationAndStandards_ 2012. pdf.

[19] Engineering R. A. O. Nanoscience and nanotechnologies: Opportunities and Uncertainties [M] . The Royal Society, 2004.

[20] EPA, FDA and USDA release the final version of a 2017 Update to the Coordinated Framework for the Regulation of Biotechnology [EB/OL] . https: //obamawhite house. archives. gov/blog/2017/01/04/increasing – transparenu – coordination – and – predicability – biotechnology – regulatory.

[21] ETC Group. The big down: From genomes to atoms, ETC group [EB/OL] . http: //www. etcgroup. org/documents/TheBigDown. pdf. [Google Scholar], 2003: 72.

[22] Felt U. , Schumann S. , Schwarz C. G. (Re) assembling natures, cultures and (Nano) technologies in public engagement [J] . Science as Culture, 2015, 24 (4): 458 –483.

[23] Firbank L. G, Heard M. S. , Woiwod I. P. , et al. An introduction to the farm – scale evaluations of genetically modified herbicide – tolerant crops [J] . Journal of Applied Ecology, 2003, 40 (1): 2 – 16.

[24] Gisler P. , Kurath M. Paradise lost? "science" and "the public" after asilomar [J] . Science, Technology & Human Values, 2011, 36 (2): 213 –243.

[25] Green K. Creating demand for biotechnology: Shaping technologies and markets [M] . Technological Change and Company Strategies: Economic and Socio-

logical Perspectives. Academic Press, London, 1992: 164 – 184.

[26] Gross M. Ignorance and surprise: Science, society, and ecological design [J] . International Social Science Review, 2010, 21 (4): 582 –586.

[27] Gross M. , Hoffmann – Riem H. Ecological restoration as a real – world experiment: Designing robust implementation strategies in an urban environment [J] . Public Understanding of Science, 2005, 14 (3): 269 – 284.

[28] Gross M. , Krohn W. Science in a real – world context: Constructing knowledge through recursive learning [J] . Philosophy Today, 2004, 48 (5): 38 – 50, 123.

[29] Gross M. , Krohn W. Society as experiment: Sociological foundations for a self – experimental society [J] . History of the Human Sciences, 2005, 18 (2): 63 – 86.

[30] Hansson S. O. Risk and safety in technology [J] . Philosophy of Technology & Engineering Sciences, 2009: 1069 – 1102.

[31] Harris J. Biotechnology: Friend or foe? [J] . Clinical Nurse Specialist Cns, 1994, 24 (24): 231 – 232.

[32] Herbold R. Technologies as Social experiments: The construction and implementation of a high – Tech waste disposal site [J] . Public Understanding of Science, 1995.

[33] Hilborn R. , Walters C. J. Quantitative fisheries stock assessment: Choice, dynamics and uncertainty [J] . Reviews in Fish Biology and Fisheries, 1992, 2 (2): 177 – 178.

[34] Holling C. S. Adaptive environmental assessment and management [M] . John Wiley Sons Ltd. , 1978.

[35] Hoven J. , et al. Options for strengthening responsible research and innova-

tion：Report of the expert group on the state of art in Europe on responsible research and innovation ［J］. Publications Office of the European Union, 2013.

［36］http：//www. thepaper. cn/newsDetail_ forward_ 1496563.

［37］Jacobs J. F. , Ibo V. D. P. , Patricia O. Sunscreens with titanium dioxide (TiO$_2$) Nano – Particles：A societal experiment ［J］. Nano Ethics, 2010, 4 （2）：103 – 113.

［38］Kai L. , Shabecoff P. Compass and gyroscope：Integrating science and politics for the Environment ［J］. 1993.

［39］Kearnes M. , Grove R. , Macnaghten P. , et al. From bio to nano：Learning lessons from the UK agricultural biotechnology controversy ［J］. Science as Culture, 2006, 15 （4）：291 – 307.

［40］Krohn W. Waste sites as experiments：Producing knowledge about waste ［C］//Conference on new directions in interdisciplinary research：A conference in real world experiments, October, Penn State University, University Park, 2003.

［41］Krohn W. , Daele W. V. D. Science as an agent of change：Finalization and experimental implementation ［J］. Social Science Information, 1998, 37 （1）：191 – 222.

［42］Krohn W. , Weingart P. Commentary：Nuclear power as a social experiment – European political "Fall Out" from the chernobyl meltdown ［J］. Science Technology & Human Values, 1987, 12 （2）：52 – 58.

［43］Krohn W. , Weyer J. Society as a laboratory：The social risks of experimental research ［J］. Science and Public Policy, 1994, 21 （3）：173 – 183.

［44］Latour B. Which protocol for the new collective experiments? ［EB/OL］. Boletín CF + S, 2006 （32/33）. http：//habitat. aq. upm. es/boletin/n32/ablat. en. html.

[45] Lessard G. An adaptive approach to planning and decision – making [J]. Landscape and Urban Planning, 1998, 40 (1): 81 – 87.

[46] Levidow L., Carr S. GM crops on trial: Technological development as a re-al – world experiment [J]. Fatures, 2007, 39 (4): 408 – 431.

[47] Malsch I. Responsible innovation in Practice, Concepts and Tools [J]. Philosophia Reformata, 2013, 78 (1): 47 – 63.

[48] Mcgeoghegan D., Whaley S., Binks K., et al. Mortality and cancer regis-tration experience of the sellafield workers known to have been involved in the 1957 windscale accident: 50 year follow – up [J]. Journal of Radiological Protection, 2010, 30 (3): 407 – 431.

[49] Millo Y., Lezaun J. Regulatory experiments: Genetically modified crops and financial derivatives on trial [J]. Science & Public Policy, 2006, 33 (3): 179 – 190.

[50] Moore C. T., Conroy M. J. Optimal regeneration planning for old – growth forest: Addressing scientific uncertainty in endangered species recovery through adaptive management [J]. Forest Science, 2006, 52 (2): 155 – 172.

[51] NANOCAP: Nanotechnology Capacity Building NGOs ⌊EB/OL⌋. [2017 – 03 – 01]. http://www.gaef.de/eac2007/eac2007abstracts/T09Abstractpdf/T09A043. pdf.

[52] Nanotechnology Capacity Building NGOs (NANOCAP) [EB/OL]. [2017 – 01 – 20]. http://www.2020 – horizon.com/NANOCAP – Nanotechnology – Capacity – Building – NGOs (NANOCAP) – s26700.html.

[53] Nuclear power: Its development in the United Kingdom [EB/OL]. [2017 – 03 – 20]. http://www.world – nuclear.org/information – library/country – profiles/countries – t – z/united – kingdom.aspx.

［54］NWO. ［EB/OL］. ［2015 – 04 – 07］. http：//www. nwo. nl/en/research – and – results/programmes/responsible + innovation.

［55］Olsson P. , Folke C. , Berkes F. Adaptive comanagement for building resilience in social – ecological systems ［J］. Environmental Management, 2004, 34（1）：75.

［56］Overdevest C. , Bleicher A. , Gross M. The experimental turn in environmental sociology：Pragmatism and new forms of governance ［M］. Springer Netherlands, 2010.

［57］Owen R. , Stilgoe J. , Macnaghten P. , et al. A framework for responsible innovation ［J］. Responsible Innovation：Managing the Responsible Emergence of Science and Innovation in Society, 2013：27 – 50.

［58］Pavie X. , Scholten V. , Carthy D. Responsible innovation：From concept to practice ［M］. World Scientific, 2014.

［59］Pocock R. F. Nuclear power：Its development in the United Kingdom：By R. F. Pocock hardback ［Pound sign］12. 80, paperback ［Pound sign］5. 10, Unwin Brothers Ltd, Old Woking Surrey, UK, and the Institution of Nuclear Engineers, 1977. ［J］. Energy Policy, 1978, 6.

［60］Ravetz J. R. What is post – normal science ［J］. Futures, 1999, 31（7）：647 – 653.

［61］Recombinant D. Safety considerations：Safety considerations for industrial, agricultural and environmental applications of organisms derived by recombinant DNA techniques ［J］. Organization for Economic Cooperation and Development, 1986.

［62］Renewed calls to ban Terminator Technology as CBD meets ［EB/OL］. ［2017 – 04 – 10］. http：//nwrage. org/content/renewed – calls – ban – terminator – technology – cbd – meets.

［63］ Renn O. , Roco M. C. Nanotechnology and the need for risk governance ［J］. Journal of Nanoparticle Research, 2006, 8 (8): 153 – 191.

［64］ Rheinberger H – J. Toward a history of epistemic things: Synthesizing proteins in the test tube ［J］. Isis, 1998, 89 (2): 366 – 367.

［65］ Rip A. Introduction of new technology: Making use of recent insights from sociolcmgy and economics of technology ［J］. Technology Analysis & Strategic Management, 1995, 7 (4): 417 – 432.

［66］ Roco M. C. , Harthorn B. , Guston D. , et al. Innovative and responsible governance of nanotechnology for societal development ［J］. Journal of Nanoparticle Research, 2011, 13 (9): 3557 – 3590 (3534).

［67］ Roco M. Nanotechnology: Societal implications – maximizing the benefits for humanity ［M］. Springer Netherlands, 2007.

［68］ Roco M. , Renn O. , Jäger A. Nanotechnology risk governance ［M］. Springer Netherlands, 2008.

［69］ Ruggiu D. Responsabilisation phenomena: The EC code of conduct for responsible nanosciences and nanotechnologies ［J］. Journal of Law & Technology, 2014, 5 (3): 1 – 16.

［70］ Schomberg R. V. A vision of responsible innovation ［J］. Responsible Innovation, 2013, 82 (4): 51 – 74.

［71］ Schomberg R. V. Understanding public debate on nanotechnologies. Options for Framing Public Policy ［M］. Publ. Off. of the European Union, 2010.

［72］ Senge P. M. The fifth discipline: The art and practice of the learning organization ［M］. Crown Pub. , 2006.

［73］ Sherlock R. , Morrey J. D. Ethical issues in biotechnology ［M］. Rowman & Littlefield, 2002.

［74］Siegrist M. A causal model explaining the perception and acceptance of Gene Technology 1 ［J］. Journal of Applied Social Psychology, 1999, 29 (10): 2093 - 2106.

［75］Siegrist M. Factors influencing public acceptance of innovative food technologies and products ［J］. Trends in Food Science & Technology, 2008, 19 (11): 603 - 608.

［76］Siegrist M. The influence of trust and perceptions of risks and benefits on the acceptance of gene technology ［J］. Risk Analysis, 2000, 20 (2): 195 - 204.

［77］Siegrist M. , Keller C. , Kastenholz H. , et al. Laypeople's and experts' perception of nanotechnology hazards ［J］. Risk Analysis, 2007, 27 (1): 59 - 69.

［78］Slocum N. , Steyaert S. Participatory methods toolkit: A practitioner's manual ［M］. King Baudouin Foundation, 2003.

［79］Star Link cornrecall ［EB/OL］. ［2017 - 02 - 10］. https: //en. wikipedia. org/wiki/StarLink_ corn_ recall.

［80］Statement by the UK government about nanotechnologies ［EB/OL］. http: //webarchive. nationalarchives. gov. uk/ + /http: /www. dius. gov. uk/policy/documents/statement - nanotechnologies. pdf.

［81］Stepanova O. Conflict resolution in coastal resource management: Comparative analysis of case studies from four European countries ［J］. Ocean & Coastal Management, 2015, 103: 109 - 122.

［82］Stilgoe J. The (co -) production of public uncertainty: UK scientific advice on mobile phone health risks ［J］. Public Understanding of Science, 2007, 16 (1): 45 - 61.

［83］Stilgoe J. , Owen R. , Macnaghten P. Developing a framework for responsible innovation ［J］. Research Policy, 2013, 42 (9): 1568 - 1580.

［84］ Sutcliffe H. , Director M. A report on responsible research and innovation ［J］. Matter and the European Commission, 2011：83 – 97.

［85］ Sykes K. , Macnaghten P. Responsible innovation – opening up dialog and debate ［J］. Responsible Innovation：Managing the Responsible Emergence of Science and Innovation in Society, 2013：85 – 107.

［86］ Tait J. , Levidow L. Proactive and reactive approaches to risk regulation：The case of biotechnology ［J］. Futures, 1992, 24 (3)：219 – 231.

［87］ Taylor M. R. , Tick J. S. The StarLink case：Issues for the future ［M］. Discussion Papers, 2001.

［88］ Terminator five years later ［EB/OL］. http：//www. etcgroup. org/content/terminator – five – years – later? language = en.

［89］ Terminator threat looms：Intergovernmental meeting to tackle suicide seeds issue ［EB/OL］. http：//www. etcgroup. org/fr/node/36.

［90］ Terminator：The sequel – a new and more dangerous generation of suicide seeds unveiled ［EB/OL］. http：//www. etcgroup. org/es/content/terminator – sequel – new – and – more – dangerous – generation – suicide – seeds – unveiled.

［91］ The second nuclear power programme ［EB/OL］. ［2017 – 02 – 20］. http：//hansard. millbanksystems. com/lords/1964/jun/10/the – second – nuclear – power – programme – 2.

［92］ Third world network report on StarLink ［R/OL］. ［2017 – 02 – 20］. http：//iatp. org/files/Third_ world_ Network_ Report_ on_ StarLink. htm.

［93］ Van de Pole. An ethical framework for evaluating experimental technology ［J］. Science and Engineering Ethics, 2016, 22 (3)：667 – 686.

［94］ Van de Pole. Nuclear energy as a social experiment ［J］. Ethics Policy & Environment, 2011, 14 (3)：285 – 290.

[95] Van de Pole. The introduction of nanotechnology as a societal experiment [J]. Technoscience in Progress Managing the Uncertainty of Nanotechnology, 2009: 129 – 142.

[96] Vance M. E., Kuiken T., Vejerano E. P., et al. Nanotechnology in the real world: Redeveloping the nanomaterial consumer products inventory [J]. Beilstein Journal of Nanotechnology, 2014, 6: 1769.

[97] Vergragt P. J., Brown H. S. Genetic engineering in agriculture: New approaches for risk management through sustainability reporting [J]. Technological Forecasting & Social Change, 2008, 75 (6): 783 – 798.

[98] Von Schomberg R. Towards responsible research and innovation in the information and communication technologies and security technologies fields [J]. Ssrn Electronic Journal, 2014: 83 – 97.

[99] Walker W. B. The nuclear power decisions: British policies, 1953 – 1978 [J]. International Affairs, 1981, 57 (2): 342 – 343.

[100] Walters C. J., Holling C. S. Large – scale management experiments and learning by doing [J]. Ecology, 1990, 71 (71): 2060 – 2068.

[101] Weyer J. Actor networks and high risk technologies: The case of the Gulf War [J]. Science and Public Policy, 1994, 21 (5): 321 – 334.

[102] Weyer J. The social risks of experimental research and technological innovation [M]. Humans in Experiment Medicine, Malice, and the Remaking of Modern Life, 1995.

[103] Williams B. K., Allen C. R., Pope K. L., et al. Adaptive management of natural resources – framework and issues [J]. Journal of Environmental Management, 2010, 92 (5): 1346 – 1353.

[104] Williams B. K., Szaro R. C., Shapiro C. D. Adaptive management: The

US department of the interior technical guide［M］. US Department of the Interior, Adaptive Management Working Group, 2007.

［105］Williams R. The nuclear power decisions : British policies, 1953 – 1978［M］. Croom Helm, 1980.

［106］Wm. Robert Johnston. Database of Radiological Incidents and Related Events［EB/OL］.［2017 – 01 – 20］. http：//www. johnstonsarchive. net/nuclear/radevents/.

［107］Wolfson J. R. Social and ethical issues in nanotechnology：Lessons from biotechnology and other high technologies［J］. Biotechnology Law Report, 2003, 22 (4)：376 – 396.

［108］Wynne B. Misunderstood misunderstanding：Social identities and public uptake of science［J］. Public Understanding of Science, 1992, 1 (3)：281 – 304.

［109］Wynne B. , Felt U. Taking European knowledge seriously：Report of the expert group on science and governance to the science, economy and society directorate, directorate – general for research, European Commission［J］. Microwave & Optical Technology Letters, 2007, 55 (7)：1440 – 1443.

［110］2015 年全球风险报告［R/OL］.［2017 – 03 – 20］. https：//cn. weforum. org/reports/global – risks – 2015.

［111］2017 年的世界：就业不足、缺乏包容、威胁重重［EB/OL］.［2017 – 03 – 20］. https：//cn. weforum. org/press/2017/01/grr17.

［112］K. R. 波普尔, 陆衡. 开放社会及其敌人［M］. 北京：中国社会科学出版社, 1999.

［113］边永民. 从美欧转基因案看转基因产品贸易的管理［J］. 国际贸易, 2007 (2)：62 – 65.

［114］曹帅, 邹树梁, 刘文君等. 我国核电经济性评价研究进展及述评

[J]．科技和产业，2014，14（2）：58 – 62.

[115] 曹兴江，秦永春，余宁乐．南通市 80 名放疗放射工作人员健康检查结果分析 [J]．祝您健康·新医药，2010，1（4）：12 – 13.

[116] 常健，田岚洁．中国公共冲突管理体制的发展趋势 [J]．上海行政学院学报，2014，15（3）：67 – 73.

[117] 陈晓林．无人驾驶汽车对现行法律的挑战及应对 [J]．理论学刊，2016（1）：124 – 131.

[118] 陈钊，孔吉宏，耿明奎．广东省核电公众接受性的研究 [J]．中国电力教育，2009（S1）：134 – 137.

[119] 电力工业部科学技术情报研究所．美国三里岛核电站事故调查报告 [R]．电力工业部核电科学研究所，1980.

[120] 丁煌．林德布洛姆的渐进决策理论 [J]．国际技术经济研究，1999（3）：20 – 27.

[121] 杜宇．冲突管理研究中的冲突定义 [J]．领导科学论坛，2007（1）：53 – 55.

[122] 樊春良，李玲．中国纳米技术的治理探析 [J]．中国软科学，2009（8）：51 – 60.

[123] 范存会．中国 Bt 抗虫棉的收益、成本和影响 [J]．经济学（季刊），2005，4（2）：785 – 802.

[124] 冯瑞华，张军，刘清．主要国家纳米技术战略研究计划及其进展 [J]．科技进步与对策，2007，24（9）：213 – 216.

[125] 顾少白．切尔诺贝利核电站事故对世界核电发展的影响 [J]．世界经济研究，1987（1）：22 – 27.

[126] 管红霞．"社会可接受性"考验核电发展 [J]．WTO 经济导刊，2014（9）：83.

［127］汉密尔顿．希腊的回声［M］．北京：华夏出版社，2014：190.

［128］何光喜，赵延东，张文霞等．公众对转基因作物的接受度及其影响因素基于六城市调查数据的社会学分析［J］．社会，2015（1）：121－142.

［129］侯向阳，尹燕亭，丁勇．中国草原适应性管理研究现状与展望［J］．草业学报，2011，20（2）：262－269.

［130］黄季焜，胡瑞法，陈瑞剑等．转基因生物技术的经济影响——中国Bt 抗虫棉10 年［M］．北京：科学出版社，2010.

［131］James C. 2014 年全球生物技术/转基因作物商业化发展态势［J］．中国生物工程杂志，2015，35（1）：1－14.

［132］贾鹤鹏，范敬群，闫隽．风险传播中知识、信任与价值的互动——以转基因争议为例［J］．当代传播（汉文版），2015（3）：99－101.

［133］贾鹤鹏，范敬群．转基因何以持续争议——对相关科学传播研究的系统综述［J］．科普研究，2015，10（1）：83－92.

［134］江光．英国核电工业及核安全管理简介［J］．核安全，2004（1）：55－59.

［135］姜振飞．中国核安全评论（第1 卷）［M］．北京：金城出版社，2015.

［136］金兼斌，楚亚杰．科学素养、媒介使用、社会网络：理解公众对科学家的社会信任［J］．全球传媒学刊，2015（2）：65－80.

［137］赖庆奎，谢超，杨保纲等．云南屏边大围山自然保护区冲突管理的探索研究［J］．林业与社会，2001（5）：2－9.

［138］李朝君，张春明，左嘉旭等．核电安全目标与公众接受性［J］．辐射防护通讯，2014（3）：20－23.

［139］李建军，唐冠男．阿希洛马会议：以预警性思考应对重组DNA 技术潜在风险［J］．科学与社会，2013，3（2）：98－109.

［140］李三虎．小世界与大结果：面向未来的纳米哲学［M］．北京：中国社会科学出版社，2011.

［141］李真真等．生物伦理前沿问题调研报告［R］.2007.

［142］刘江华，丁晓明．核电经济性分析有关问题探讨［J］．电力技术经济，2008，20（1）：47－51.

［143］刘美．转基因三大安全问题［J］．环球财经，2010（4）：92－93.

［144］刘树铮．辐射危害的阈值问题——纪念伦琴发现 X 射线 100 周年［J］．国际放射医学核医学杂志，1995（5）：204－207.

［145］刘玉强．社会实验：作为一种技术治理路径——以氟氯烃的社会引入为例［J］．自然辩证法研究，2017，33（4）：63－67.

［146］刘志迎．管理科学理论在思想教育中的应用［M］．合肥：合肥工业大学出版社，2005.

［147］吕澜．公众对生物技术应用的态度——中欧比较研究［J］．浙江社会科学，2006（6）：129，193－197.

［148］绿色和平．转基因作物的经济代价［R／OL］．http：//www. green-peace. org/china/Global/china/＿ planet－2/report/2010/3/ge－cost－rpt. pdf.

［149］落痕无声·孟山都帝国的崛起，伴随的是除草剂的一次革命［EB/OL］．［2017－01－10］．http：//daily. zhihu. com/story/4228547.

［150］马新建．冲突管理：基本理念与思维方法的研究［J］．大连理工大学学报（社会科学版），2002，23（3）：19－25.

［151］马栩泉．核能开发与应用［M］．北京：化学工业出版社，2014.

［152］迈诺尔夫·迪尔克斯，克劳迪娅·冯·格罗特．在理解与信赖之间［M］．北京：北京理工大学出版社，2006.

［153］梅亮，陈劲．负责任创新：时域视角的概念、框架与政策启示［J］．科学学与科学技术管理，2016，37（5）：17－23.

［154］梅强，徐胜男．高层管理团队异质性、团队冲突和创业绩效的关系研究——以冲突管理为调节变量［J］．经济与管理研究，2012（6）：94－103.

［155］缪航．社会语境下的生物技术治理研究——以转基因技术为例［D］．北京：中国科学院研究生院，2011.

［156］潘亚萍，姚亮，郑健．核电站周边居民核电相关知识水平调查［J］．浙江预防医学，2013，25（9）：84－85.

［157］钱迎倩，马克平，桑卫国等．终止子技术与生物安全［J］．生物多样性，1999，7（2）：151－155.

［158］钱迎倩．转基因作物的利弊分析［J］．生物技术通报，1999，15（5）：7－11.

［159］强胜，宋小玲，戴伟民．抗除草剂转基因作物面临的机遇与挑战及其发展策略［J］．农业生物技术学报，2010，18（1）：114－125.

［160］荣玫．适应性管理在我国应急管理中的应用［J］．发展研究，2009（8）：78－81.

［161］沈铭贤，Xian S. M. 五个层面的挑战与三大理论难题——试论基因伦理［J］．医学与哲学，2008，29（3）：10－14.

［162］石磊．英国核电产业发展研究（1953－1987）［D］．天津：南开大学，2015.

［163］斯蒂芬·P. 罗宾斯，蒂莫西·A. 贾奇．组织行为学精要（12 版）［M］．郑晓明，译．北京：机械工业出版社，2014.

［164］孙健．从三个视角看适应性管理与传统管理理念的差异［J］．中国行政管理，2006（9）：101－103.

［165］孙毅霖．全面认识转基因技术引起的分化、对立和冲突［J］．科学与社会，2011，1（3）：124－127.

［166］田愉，胡志强．核事故、公众态度与风险沟通［J］．自然辩证法研

究，2012（7）：62 - 68，73.

［167］佟金萍，王慧敏. 流域水资源适应性管理研究［J］. 软科学，2006，20（2）：59 - 61.

［168］王国豫，龚超，张灿. 纳米伦理：研究现状、问题与挑战［J］. 科学通报，2011（2）：96 - 107.

［169］王金鹏，沈海滨. 气候变化背景下英国核电建设的重启及核安全监管机构的改革［J］. 世界环境，2014（3）：42 - 43.

［170］王丽. 核安全文化冲突及其对策研究——福岛核事故的启示［J］. 北京航空航天大学学报（社会科学版），2013，26（1）：24 - 29.

［171］魏仁杰. 核电与核电安全——三里岛和切尔诺贝利核电站事故研究［J］. 核动力工程，1987（4）：3 - 8.

［172］吴亮. 农民留种行为与品种权的冲突及其解决——立足于美国"农民留种免责"规则的考察［J］. 华东理工大学学报（社会科学版），2010，25（6）：73 - 80.

［173］吴廖. 转基因作物全球商业化20年［J］. 科学新闻，2016（6）：71 - 73.

［174］吴伟光，楼涛，郑旭理等. 自然保护区相关利益者分析及其冲突管理——以天目山自然保护区为例［J］. 林业经济问题，2005，25（5）：270 - 274，286.

［175］伍浩松，郭志锋. 2015年世界核电工业发展回顾［J］. 国外核新闻，2016（2）：1 - 6.

［176］邢馥吏. 美国调查三里岛核电站事故委员会对事故原因和后果的分析［J］. 国外核新闻，1980（10）：18 - 19.

［177］邢强. 民用无人机的天空（上）——详解各国无人机适航规定［J］. 航空模型，2015（1）：80 - 83.

［178］许刚全．集体决策过程组织中的冲突管理［J］．经济师，2005（10）：156－158.

［179］薛澜，彭志国，Florig K．美国核能工业管制体系的演变及其借鉴分析［J］．清华大学学报（哲学社会科学版），2000（6）：77－86.

［180］晏萍，张卫，王前．"负责任创新"的理论与实践述评［J］．科技创新导报，2014（27）：84－90.

［181］杨广泽，余宁乐，韩重森等．田湾核电站周围居民对核辐射危险认知调查分析［J］．中国辐射卫生，2006，15（1）：69－72.

［182］英国宣布实施2.5亿英镑生物科学投资计划［J］．生命科学仪器，2012，10（3）：57－58.

［183］袁媛．基于冲突解决的管理创新方法研究［D］．天津：河北工业大学，2006.

［184］曾志伟，蒋辉，张继艳．后福岛时代我国核电可持续发展的公众接受度实证研究［J］．南华大学学报（社会科学版），2014，15（1）：4－8.

［185］张春颜．公共冲突管理中的控制与化解研究［D］．天津：南开大学，2014.

［186］张乐，童星．"邻避"冲突管理中的决策困境及其解决思路［J］．中国行政管理，2014（4）：109－113.

［187］张涛，吕淑然，杨凯等．北京市大学生核电认知度调查与分析［J］．绿色科技，2014（10）：312－315.

［188］张玮婷，刘义保，王爱星．大学生群体内陆核电心理认知的调查［J］．中国辐射卫生，2015，24（2）：151－153.

［189］赵万里，王红昌．自反性、专家系统与信任——当代科学的公众信任危机探析［J］．黑龙江社会科学，2012（2）：87－91，166.

［190］赵迎欢．荷兰技术伦理学理论及负责任的科技创新研究［J］．武汉

科技大学学报（社会科学版），2011，13（5）：514－518.

［191］赵宇亮，柴之芳．纳米毒理学：纳米材料安全应用的基础［M］．北京：科学出版社，2010.

［192］郑景明，罗菊春，曾德慧．森林生态系统管理的研究进展［J］．北京林业大学学报，2002，24（3）：103－109.

［193］中国能源报．英国核退役经验值得借鉴［EB/OL］．［2015－01－28］.http：//www.chinaequip.gov.cn/2015－01/28/c_133953084.htm.

［194］朱贵平，孙伟．转基因技术开发中共享与独占现实冲突的伦理分析［J］．求实，2003，（z1）：93－95.

［195］朱立言，孙健．适应性管理的兴起及其理念［J］．湖南社会科学，2008（6）：63－68.

［196］专访朱作言丨转基因名字让人恐慌，准确应叫分子杂交育种［N/OL］．澎湃新闻，2016－07－11.

［197］邹树梁．世界核电发展的历史、现状与新趋势［J］．南华大学学报（社会科学版），2005，6（6）：38－42.